時給《じきゅう》思考《しこう》

1時間で10倍の
成果を生み出す
最強最速スキル

金川顕教
Akinori Kanagawa

すばる舎

はじめに

「あなたの時給はいくらですか？」

この問いに即答できない人は、一生搾取され続ける可能性があります。
何を大げさな、と思われるかもしれません。
しかし、よく考えてみてください。
時間は「命」と同等。
つまり、

「時給＝命の値段」

なのです。
「時給＝命の値段」を知らないと、あなたの時間は奪われる一方です。「時間の価値」

を理解していないと、他人にいいように振り回され、時間を消耗するばかりなのです。

「お金持ち」より「時間持ち」

僕はこれまで、偏差値35から難関大学に合格し、これまた難関資格の公認会計士試験に合格。その後、世界最大の会計事務所といわれる「トーマツ」に就職し、1年目から年収600万円という高待遇を得ることができました。

そして、本業以外のビジネスが、会社員の収入を超えた入社3年目のある日、サラリーマンを卒業し、僕は起業しました。

今では、5期目にもかかわらず、今期の年商は10億円を見込んでおり、順調に業績を伸ばしています。

だからと言って、長時間ハードワークをして、身体と精神を酷使しているわけではありません。

実質的な実務の時間は毎日1時間程度で、それ以外の時間は、新しいビジネスの仕込みや情報収集、周りの仕事仲間たちとの交流、心身のコンディションを保つためのトレーニングなどにあてています。

誰かに命令されたり、指図されることなく、自分のペースで仕事をし、それこそストレスフリーで働いています。

おかげさまで、24時間365日、お金と時間が自由になる生活を過ごしています。

打ち合わせなどは、愛車のマセラティに乗りながら向かうことも多く、大好きな本を書く作家という仕事にも十分な時間を割くことができ、嬉しいことに本書で10冊目の出版となります。

好きなことを、好きなときに、好きなだけやる、という理想のライフスタイルを、若くして実現することができたのです。

これは僕だからできたことではありません。僕はこれまで、多くのサラリーマンの方の起業やビジネスのサポートをしてきました。その中から、同じように、多くの人がお金と時間の自由な生活を手にすることができています。

それらはすべて、これから本書で紹介する「時給思考」があったから、できたことなのです。

今の時代に必須のスキル

これからの時代、今まで以上に時間が価値を持ち始めます。

実際に、「タイムバンク」など、時間の価値を可視化するサービス（アプリ）も出てきています。

このサービスは、いわゆる「時間」の取引所で、個人の時間をリアルタイムに10秒単位で売買でき、実業家の堀江貴文さんなど、さまざまな著名人の時間を買うことができるのです。

これからも、このような「時間市場」はますます活性化していくことでしょう。

そう、時代は変わっているのです。

今後、僕たちを取り巻く環境は、ますます厳しくなります。人工知能やＩｏＴ（モノのインターネット）などの進化によって、今ある仕事がなくなったり、収入が激減することもあるはずです。

たとえば、自動運転の技術が当然のことのように使われるようになれば、あらゆる業種の運転手という仕事はなくなってしまいます。

そう考えると、自分にしかできない仕事をしていない限り、生き残れないのです。

あなたにしかできないこと。それを実現するためにも、作業をするだけではなく、付加価値を生み出す仕事をしなくてはなりません。

付加価値を生み出すことができる人に仕事は集まるのです。

そのためには、まずは、あなたの「1時間あたりの価値＝時給」を高めていかなくてはなりません。

そのときに、時給思考が役に立つのです。

1時間で10倍の成果を生み出す最強最速メソッド

時給思考とは、一言で言うと、「あなたの1時間の価値を10倍にするスキル」です。詳しくは本編に譲りますが、このスキルを身につけることで、あなたは大事な1％に集中し、些末な99％のことから逃れることができます。経済的な自由はもちろん、時間的な自由、精神的な自由を手にすることができるのです。

僕たちに残された時間は、思ったよりも多くありません。人生はあっという間に終わります。

限りある貴重な時間。1秒も後悔しないためにも、自分の時間は、他人にコントロールされるのではなく、自分で決めて、自分でコントロールする人生を歩むことを強くおすすめします。

本書が、そのガイドになれば、これほど嬉しいことはありません。

金川顕教

第1章

時給思考がないと、一生搾取される

第2章

働けば働くほど時給は下がる

第3章

時給は10倍を目指す

第4章

時給は「仕事選び」で9割決まる

第5章

自己流は事故る

第６章

時給が高い人は作業をしない

第7章

1日24時間を2400時間に増やす方法

第８章

時給を10倍に上げる「自己投資」の秘訣

第9章

時給を下げることを徹底的に排除する

第10章

時間を奪う「時間泥棒」とは距離を置く

第11章

時給が高い人の最強最速仕事術

第12章

時間を奪われない生き方

プロデュース　水野俊哉
企画協力　川田修、岡部昌洋（サンライズパブリッシング）
カバーデザイン　西垂水敦＋坂川朱音（krran）
本文デザイン　鈴木大輔（ソウルデザイン）

時給思考がないと、一生搾取される

第1章

あなたの「時給」はいくらだろうか？　１時間あたりの価値は金額に換算すると、どれくらいか？　この質問に即答できない人は、一生、他人に振り回され搾取され続ける可能性がある。これからいよいよ、お金よりモノより、時間が価値を持つ時代に突入する。時給思考を身につけ、混迷の時代を乗り切ろう。

1時間で10倍の収入が得られる働き方

人生の生産性を上げる「時給思考」

僕は現在、自分の自由な時間をたっぷり確保し、その時間を満喫しながら、経済的にも満足いく生活を送っています。

しかし、数年前までは、会社員として朝９時から24時まで働き、自分の時間もなく、満足いく収入も得られていませんでした。

では、なぜ今、自分の満足いく人生を送ることができているのか？

それは、たったひとつの思考の転換によるところが大きいのです。

それが、「**時給思考**」という考え方です。

時給思考を身につけたことで、以前に比べ、**自由な時間が増え、収入は10倍以上になりました。** 以前のように、**消耗するだけの人生から抜け出すことができた**のです。

時給思考は、誰でも今すぐ持つことができます。

年収、月収、日給思考をやめて、自分の時給を意識する。１日、１週間、１カ月、１年といった長いスパンの時間感覚をやめるだけなのです。

1時間にいくらの価値を生み出すか、ということを考えるだけで良いのです。

そうすることで、今、この瞬間の生産性が上がり、人生の生産性が上がります。

時給思考ができれば、**ただ時間が流れていくということがなくなり、1時間あたりの価値を劇的に上げることができるようになる**のです。

1時間で、大きな価値を生み出していくと意識することで、人生は、精神的にも経済的にも好転します。

「時給思考」で仕事もプライベートも好転する

時給思考がなければ、日々は無意味に過ぎていきます。ただただ、人生をこなすことになり、死を迎えるときに、なんの満足感もなく、後悔が残ってしまうのです。

時給思考がなければ、思考にも、行動にも具体性がなく、曖昧《あいまい》になるので当然でしょう。

「1年先にだいたいこうなればいいな」という程度のぼんやりとしたイメージでは、何をすべきで、何をやらないべきかが明確になりません。

また、**自分の稼ぎ出す時給が明確になっていなければ、時給以下の〝どうでもいいこと〟にまで、手を出してしまいます。**

そうなると、やらなくていいことをやり、やるべきことができなくなるのです。

時間は誰にでも与えられている資産ですが、有限で、あっというまになくなります。

その中でお金と時間に不自由しない理想のライフスタイルを実現していくには、あなたの1時間あたりの価値を最大化する必要があります。その手法を僕の経験からお話ししていくのが本書です。

「もっと自分の時間を謳歌《おうか》したい」

「もっと経済的に豊かになりたい」

そんな人は、時給思考を持つことで、現状を打開し、劇的に変えることができるでしょう。時給思考になることで、思考と行動の質が格段に高まるからです。

時給思考さえあれば、今どんな状態でも、必ず成長できます。仕事でもプライベートでも好循環が生まれます。

1時間という時間を大事にする人こそ、成功と幸福を手に入れることができるのです。

POINT 01

時給思考を身につけることで、人生の生産性が上がる

POINT 02

1年先のぼんやりしたイメージでは、具体的な行動に結びつかない

POINT 03

1時間を大切にすれば、自由な時間が増え、経済的にも豊かになる

時給思考 02

タイムイズマネー
なんて生温い。
タイムイズライフ。
時間がすべて

時間が何よりも大事

時給思考ができないと、自分が本当に欲しい成果を得ることができません。1時間の価値を意識せず、ただ漫然と日々を過ごしていれば、何も手に入れられないし、欲求が叶えられることはないのです。

時給思考ができない人は、時間の大切さ、価値に気づいていないのでしょう。

「能力があれば、人生が変わるのに……」

「お金さえあれば、自分にもチャンスが巡ってくるのに……」

「もっと頭が良ければ、理想を実現できるのに……」

このように、時間以外のものにフォーカスをし、それらに価値を置いているのです。

しかし、時間より大切なものはありません。

時間に価値を置けない人は、自分から積極的に行動することができません。受け身の人生を送るので、言い訳思考で、他力本願なのです。これでは、人生の目標は一生達成できないでしょう。

僕は、何よりも時間が大事だと考えています。

時間があれば収入を増やすこともできるし、スキルも伸ばせます。今、どんな境遇でも、時間さえあれば人生を良い方向に導くことができるのです。

極端に言ってしまえば、時間があればなんでもできてしまいます。

時間さえあれば、本も読めるし、勉強もできる。人生を変えることだってできます。

時給思考ができない人は、この点をしっかりと理解していないので、そもそも時間が大切だと思っていません。

多くの人が、〝タイムイズマネー〟という格言を知っています。子どもの頃から親や教師に教えられているからです。

しかし、僕はこう言いたい。

〝タイムイズマネー〟ではなく、〝タイムイズライフ〟。

タイムイズマネーくらいにしか考えていないから、時間の価値を低く見積もってしまうのです。

タイムイズライフ。時間とは、命。

時間とは、「命」と同等のものなのです。

あなたの時間を奪う人＝殺人者

結局、誰もがいつかは死にます。

死ぬまでの時間があなたに残された「命」です。

誰にでも平等に与えられている資産が、1日24時間という時間。お金持ちの家の子どもも、そうでない家の子どもも、平等に与えられているものは時間しかありません。

ただし、**その貴重な時間という資産は、死というゴールまでしか与えられない、有限なもの**なのです。

あなたの時間を奪う人は、誰であろうと〝殺人者〟と同じようなものです。そう考えると、もっと時間に価値を感じることができるのではないでしょうか。

お金以上に大切なものが、時間。成功している人は、この大原則を肝に命じているから、成功者なのです。

逆に、時給思考ができない人は、時間よりお金が大事だと考えています。なぜなら、お金は無条件では与えられませんが、時間は無条件に与えられるからです。

ただ漫然と行動していると、時間は大切にできません。

「今月は長いな」と感じていたり、「忙しくて、今月はただただ時間に流されて生きていた」というのは、時間を大切にできていない証拠です。時給思考に変わることで、時間を本当の意味で大切にすることができるようになります。

人生を1時間ごとで考えられたら、行動に曖昧さはなくなります。

たとえば、16時からこうしよう、17時からはこうしよう、18時からはこうしようとしっかり1時間ごとに何をするか細かく考えながら行動するようになるからです。

曖昧に人生を生き、行動してしまう人は、１日や１週間、１カ月、１年、３年、５年、10年という長いスパンで物事を考えてしまいます。

これでは、具体性がなく、人生に緊張感もなく、今を大事に生きるということもできません。

だから、人生の目標を達成するためには、１時間単位で物事をとらえ、１時間単位で行動する時給思考が必要なのです。あなたの１時間あたりの価値を高めるには、時給思考をするのが王道で近道なのです。

POINT 01

時間があれば、なんでもできる

POINT 02

時間はお金よりも重要で、命と同じ価値を持つ

POINT 03

人生を1時間ごとで考えると、緊張感が出て具体的な行動を取れる

時給思考 03

年収や月収ではなく、時給で考える

「1時間の時給」を明確に

なぜ、今の時代に、時給思考という考え方が必要なのか――。

年収や月収という、長いスパンで物事を考えると、人生に無駄が増えるからです。

つまり、思考と行動に無駄が生まれます。

たとえば、1日8時間、月に160時間働き、月収で20万円もらうということは、よく考えるとぼんやりしている部分があるのです。

1カ月20万円だから、これをしておけばいいな、では行動の質は下がります。

1時間の時給を知って、自分の価値をより具体的に、明確にすることで、時間を大切にすることができるのです。1秒、1分、1時間の生産性を高めることができるのです。

これだけの時給と同等の価値を生み出さなければならない。だから、今月はこれとこれをやらなくてはいけない。では、これをやるためにはこれをやらなくてはいけないし、これはやらないべきだ。

このように、思考と行動を深堀りしてこそ、時給思考が身についていきます。

より具体的な**「数字に置き換える」ということをしたほうが、無駄がなくせたり、思考と行動の質を高められる**のです。

したがって、年収や月収で考えるよりも、時給ベースで考えたほうが、より良い仕事ができます。

時給思考で「自由な時間」が増やせる

僕のクライアントには、会社員が多いです。もっと収入を増やしたい、起業をしたいという人がメインのクライアントになります。投資の塾も主催しているので、投資家として資産を増やしていきたいというクライアントも多いです。

しかし、会社員には、自由に使える時間があまりない人が多い。月曜日から金曜日まで働いて、土日は家族や恋人、友人に時間を使わなければいけません。

仕事がうまく終わらず、残業をした日は、帰ったら本業以外のビジネスができないのです。

そういう人たちも、時給思考を身につけることで変わっています。

時給で物事を考え、時間を大切にするようになるので、1つひとつの思考や行動の質が上がります。そうなると当然、**仕事も生産性が上がって早くこなせるようになるので、残業ゼロで定時に帰れるようになる**のです。

その結果、自分の時間を増やすことができ、その時間でビジネスを始めたり、好きなことに時間を使うことができるようになるのです。

時給で考えることで、多くのメリットを得ることができるのです。

POINT 01

1日単位や月単位で考えると、
無駄な時間が増えていく

POINT 02

時給ベースで考えたほうが、
時間の質が高まる

POINT 03

定時に帰れば、
増えた時間でビジネスや好きなことも始められる

時間を増やしたいなら、4つに分けなさい

「1日24時間」を可視化する

時給で物事を考えるためにはどうすればいいのでしょうか？

それには、自分が1日24時間を何に使っているか、可視化することです。

僕は、時間には、４つの種類があると考えています。

１つ目が、**最低限必要な時間**。

睡眠、食事、通勤、就業時間などがこれに当たります。

これは、生命にも関わるし、どうしてもやらなくてはいけないことなので、切り崩せないものです。無駄だと思っても、なかなか減らすことができません。

２つ目は、**達成のための時間**。

達成したいこと、やりたいこと、夢などの、自分はこうなりたいという前向きなことに対して使う時間です。効率化は必要ですが、この時間は減らせないし、減らしてはいけません。

３つ目は、**楽しむ時間**。

たとえば、焼肉が好きだったらそれを食べに行ったり、家族でどこかへ行ったり、といった、自分が好きなことをする時間です。これは、頑張れば減らすことができますが、精神的な苦痛が伴うので、誰もがなかなかできません。

そして4つ目が、**無駄な時間**。

これは、文字通り、無駄なことをしている時間です。簡単に言ってしまえば、「なんでこんなことをしてしまったんだろう」という時間です。

典型的な例が、意味もなくネットサーフィンをしていて3時間もたっていた、というような時間の使い方でしょう。

削るべき時間は、この部分です。

やらなくてもいいことをやっている時間で、結局あとあと後悔する時間だから、精神的苦痛も少なく削ることができます。この時間を減らし、2つ目の時間（達成のための時間）を増やすことで人生は理想の方向へ向かいます。

時間には、この4つの種類があると知れば、〝タイムイズライフ〟を意識することができるようになるのです。

この4つをしっかりと認識して、時給思考を持つことで、望む成果は出るようになっていきます。なんとなく時間をただ過ごしてしまう、という場面を最小に減らすことができるのです。

4つの時間のバランスを保てば、人生の質も上がる

まずは、この4つの時間に自分がどのくらい時間を使っているかを明確にしてみましょう。自己分析、チェックするのです。

4つ目の時間（無駄な時間）を減らし、2つ目の時間（達成のための時間）を増やす――。それが成功を手にするためには必要不可欠です。

なのに、「自分が何に時間を使っているのか」を知らない人が多すぎる。なんとなく1日を終わらせている人が驚くほど多いのです。

僕自身、この4つの時間があることを知って、昔から時間の使い方をしっかりと考えていれば、もっと早く今の生活を手に入れることができたと思います。もっと早く目標を達成できたし、人生の質を上げられたでしょう。

2つ目の時間（達成のための時間）でやるべきことを終わらせたら、あとの3つの

時間では何をやっても良いのです。

やるべきことさえできたのなら、趣味を楽しんでもいいし、極論すれば、ただただソファで休んでいてもいいのです。

どういうふうに時間を使っているか、をチェックすることは、時給思考を自分の中にインストールするためには非常に大切です。

時間の使い方を知れば、将来についてのビジョンもイメージできるようになります。「自分の時給を今後いくらにしたいのか」「今は時給○円だけど、今後どうなっていきたいか」ということも考えられるようになります。

こういう仕事がしたい、こういう会社に入りたい、こういう部署で働きたい——将来の目標や夢、願望は人それぞれですが、頭の中でイメージできることが実現しやすいのは間違いありません。

自分がどれくらいの時給を稼いで、どんな生活を送りたいのか。それを考えることができれば、今後、仕事や人生プランとの向き合い方も変わっていくでしょう。あなたが望む理想のライフスタイルを手に入れるのも夢じゃなくなるのです。

POINT 01
時間は「最低限必要な時間」「達成のための時間」「楽しむ時間」「無駄な時間」の４つ

POINT 02
目標達成のために、「無駄な時間」を減らし「達成のための時間」を増やす

POINT 03
時間を使いこなせば、望んだ将来が得やすくなる

電車に乗る通勤時間は、生産性が低いムダな時間

通勤時間で４万円も損をしている悲劇

あなたの時間を搾取する代表的なものが、「通勤時間」です。

とくに、通勤電車の中は、圧倒的に生産性が低いでしょう。

電車の中で、本を読んだり、スマホで情報収集できるから、そんなことはない！

という意見もあるかもしれません。

しかし、よくよく考えると、電車の中より、家やカフェ、職場といった場所のほうが、より集中できますし、仕事の仕上がりが良くなるのは明らかです。

僕は、衣食住の中で、一番お金をかけるべきは「住」だと考えています。つまり、住む場所にはこだわるべきです。

住む場所が会社から遠いだけで、多くの時間を無駄にすることになります。時給思考をしたいのなら、会社の近くに住むべきです。

お金がないから、または、もったいないから引っ越せない、という人もいるでしょう。

しかし、住む場所にこだわらないことで、逆にお金を無駄にしていることは多いものです。

たとえば、毎日、通勤時間に1日往復で2時間かかっていたとして、あなたの時給が1000円だとしたら、通勤で1日2000円のお金を損していることになります。月に20日間勤務だとすれば、4万円も損しているのです。そう考えると、3万円くらい家賃が高くなっても職場の近くに住んだほうがいいのではないかというのが僕の持論です。

通勤時間が減れば、その時間で、やりたいこと、やるべきことができるようになるので、会社の近くに住んだほうが、より時給を上げられるのは間違いありません。

会社まで片道1時間ほどかけて通勤するという人は多くいます。むしろ、そういう人のほうが多いでしょう。

しかし、1日2000円で月に4万円が生産性もなく浪費されていると考えたら、会社の近くに住んで、節約できた時間で勉強をしたほうが満足度が高いはずです。

そのほうがやりたいことも、やるべきこともできるから、人生の目標を達成するための成果は出やすいのです。

住む場所で時間の価値は激変する

僕は、以前、代官山か六本木、どちらに住むかで悩んでいました。しかし、時給思考で考えて六本木に住むことにしたのです。

僕の職場が六本木にあり、徒歩1分で通勤できるからです。

住む場所にこだわるというのは、時間の価値を高めることにほかなりません。

住むところで年収が決まるということが、最近では言われています。エンリコ・モレッティの『年収は「住むところ」で決まる』（プレジデント社）によると、イノベーション都市の高卒者は、旧来型製造業都市の大卒者より稼いでいるそうです。

これは、時給思考とは少し意味が異なりますが、こういった事実もあり、住む場所にはこだわるべきです。

人生の目標を達成したかったら、家の質よりも土地が大事なのです。

とにかく、**通勤時間はもったいない。かなりの時間を浪費している事実に気づくべきです**。時給思考で生きるなら、通勤時間を減らすにこしたことはありません。

POINT 01

衣食住の中で、一番お金をかけるべきは「住」

POINT 02

通勤時間は生産性が低い無駄な時間

POINT 03

住む場所にこだわれば、時間の価値も高まる

時給思考 06

残業すると時給はドンドン下がる

残業すればするほど時給は下がる

会社員時代、僕はとても長い時間を残業に当てていました。

残業代がすごく高いように感じていたからです。1時間で3000円程度、3時間で約9000円ももらえていたのです。

しかし、現実は、9時半から17時半の定時まで通常の仕事をこなし、その後どれだけ残業しても、22時以降の残業代をフルに請求できない空気感がありました。

よく24時ごろまで働いていましたが、実際には、17時半から22時までの4時間半分しかつけられないのです。時給で考えたら約2000円(13500円÷6・5時間)くらいになります。

そう、3000円の時給が、3分の2程度になってしまいます。残業すればするほど、時給は下がっていたのです。

残業をやめれば、時給は上がる

僕が時給思考を身につけ始めたのは、ダブルワークをするようになってからです。会社に勤めながら、ビジネス（副業）を始めたころから、時間を大切にするようになっていきました。要は、会社員の仕事が忙しかったので、やりたいビジネス（副業）にかける時間が少なかったのです。

9時から24時まで働きながら、「このビジネスの売り上げを上げたい」「副業から進化させて、起業をするにはどうすればいいのか」となったときに、1時間単位で何をやるべきで、何をやらないべきか、と時給思考で考えるようになりました。

そこからは、残業したら時給が下がることがわかったので、できるだけ仕事を早く終わらせて帰るようになっていきました。

時間が足りない人、仕事が早く終わらない人、新しく副業やビジネスをやりたい、といった目標がある人は、残業をやめるべきです。時給で考えると、残業をやめて、その時間で新たなビジネスをしたほうが時給は上がるのです。

POINT 01

残業をすると、
時給はどんどん下がっていく

POINT 02

残業代を時給に換算すると、
いかに残業が無駄かがわかる

POINT 03

残業をやめると、
目標を達成する時間が生まれる

時給思考 07

ニュースや新聞を読んでも時給は上がらない

「情報を選ぶ作業」は時間を浪費する

僕は、新聞も読まないし、テレビのニュースも観ないようにしています。

その理由は、ニュースの情報は歪んでいると考えるからです。

新聞社もテレビ局も、情報を自分の都合のいい結論に導くように発信することがあると言われています。

また、少数であることは間違いありませんが、記者の中には取材に基づくものではなく、想像で記事を書く人がいることもあるようです。

メディアも企業であることは間違いなく、自社の利益を追求することが目的なので、良い悪いは別として、発信する情報にある程度バイアスがかかることは当然だと言えます。

また、**新聞やテレビは、ピンポイントで欲しい情報が得られません。**相手が流してくる情報の中から、欲しい話題を選ぶという作業が必要で、受け身で情報を得ていくことになります。これはこれで時間を浪費するのです。

こう考えていくと、新聞、テレビの情報で恩恵を受けることはないと思っています。時給を高める効果的なことではないのです。

質の良い情報は、良い人間関係から得られる

それより、本やブログ、著名人のＳＮＳを読んだり、ポッドキャストを聞いたり、セミナーやコミュニティに参加したりして情報を仕入れたほうが効率的です。より質の良い情報、より新しい情報が得られるからです。

僕自身、起業する前には、ビジネスをする上で必要な知識やスキルは本で学びました。営業、マーケティング、起業、税金など色々な本を読みました。

また、今でもセミナーや対面で、人から直接、話を聞いて、情報を得ることを大切にしています。

セミナーの講師と仲良くなって懇親会へ行ったり、直接会ってリアルで話を聞く場面も多いです。

先日も、不動産会社を経営している友人２人と会食しながら情報を得ました。

その2人の会社は好調なので、「どのように従業員に指示を出しているのか」「どう売り上げを立てているのか」ということで、非常に有益な情報を得ることができました。これは、時給を上げる効果的な方法です。

良い情報、生の情報は、なかなか表には出てきません。人間関係があるからこそ聞ける、質の良い情報というのは多いのです。

同業他社の人の情報は筋の良い情報が多く、時給を上げるカギとなります。ライバルと言えばたしかにライバルですが、そういった人々と関係をつくり、お互いに高め合える情報交換の場をつくることには意味があります。

ただし、情報は優秀じゃない人に聞くと、逆効果なので、自分の信頼できる人に聞くことをおすすめします。

POINT 01

質の低い情報に触れると、
時間を浪費する

POINT 02

本やポッドキャスト、
セミナーから質の良い新しい情報が得られる

POINT 03

時給を上げるカギは、
優秀な人から情報を仕入れること

「仕事を選んだ時点で時給は決まる」という残酷な現実

「作業」をしてはいけない

先にも述べましたが、僕はもともと監査法人に勤務していました。年収は入社１年目で６００万円、30歳で１０００万円、40歳で２０００万円――。悪くない給料です。とはいえ、永遠に会社員でいるつもりはなかったので、将来やりたいビジネスを立ち上げるために、あるとき、副業を始めました。

副業を始めて４カ月。６００万円を稼ぎ出すことができました。それも、会社員として働く時間より、短い時間で達成したのです。

このときには、もう時給思考を持っていましたので、より時給を高めるにはどうすればいいのか、常に突き詰めて考えていたからこそ生まれた成果だと思います。

副業の時給が会社員の時給を超えたとき、僕は会社を辞めました。

年収６００万円を超えたタイミングは、プレイヤーを卒業したときです。僕は、作業者から教育者に変わったのです。

僕がビジネスを学んだ人がこう言いました。

「**今はコミュニティの時代。1人でなんでもこなすべきではない。チームで動くんだ。もうあなたは作業をしてはいけない**」

この言葉には衝撃を受けました。

600万円の収入を得た、副業開始から4カ月目までは、家に帰ったらひたすら作業をしていたからです。

プレイヤーを卒業する

作業をしていたら時給は上がらない。

この事実を知ってから、僕はさらに成長できたように感じています。

「**自分がやっていることを他人に教えなさい。そして、他人にやってもらいなさい**」

簡単に言うとこういうことです。

もし、ブログで収入を得ている人がいたら、自分の代わりにブログを書いてくれる人を探して、その人に教えて書いてもらいなさい。

自分が今、５記事書いているとすると、その方法を30人に教えれば１５０記事集まる、と。

プレイヤーをやめて、ビジネスの仕組みをつくる人間になると、より時給は高まるのです。

時給思考を持ち、理想の人生を歩んでいる時給が高い人は、稼ぐ仕組みをつくり、他人に教えて、作業してもらう人。

つまり、ロバート・キヨサキ氏の『金持ち父さん 貧乏父さん』（筑摩書房）でいう、ビジネスオーナーか投資家こそが、時給の高い職業なのです。

僕は副業で６００万円稼ぎ、そのタイミングで起業しました。そこからは、プレイヤーをやめ、ビジネスの仕組みをつくる人間になっていきました。

会社をつくって１年目で年商４４００万円。２年目で８０００万円。３年目で１億３０００万円。４年目が７億円となりました。５年目の今期は、年商10億円が視野に入ってきました。

時給思考を持つことで、ここまで短期間で成長できるのです。

会社に属し、今の仕事にやりがいを感じているのなら、それももちろんいいでしょう。そういう信念を持ち、突き進む人を僕は尊敬します。

一方で、昔は終身雇用で働くというのが常識でしたが、今はそれが少し変わってきています。会社組織に属していると、いくら成果を出しても給料の大幅な上昇もほぼありません。

そう考えると、自分のやりたいビジネスで起業して、仕組みをつくる経営者になることを目指すのも、素晴らしい生き方なのではないかと思います。

本書を読んでいるあなたは、時給思考を持ちながら生きていこうと考えている人です。

時給が高い人は、ビジネスオーナーか投資家。

僕は、これを目指してもらいたいです。

POINT 01
ビジネスはプレイヤーだと稼げない

POINT 02
稼ぐ仕組みをつくり、
他人にやってもらえば時給が上がる

POINT 03
時給の高い職業は、
ビジネスオーナーか投資家

働けば働くほど
時給は下がる

第2章

1日にどれくらい働いているだろうか？　長時間、残業して、労働時間を積み上げるだけで評価される時代はとうに終わった。付加価値を生み出せない人物は、容赦なく退場させられるのが今の市場なのだ。では、付加価値を生み出すためにはどうすればいいのか？　使われる側ではなく、仕掛ける側になることだ。

時給思考 09

仕事をサボればサボるほど時給は上がる

時間がある人にお金は集まる

1章で、作業者からビジネスオーナーに変わることが大事だ、とお話ししました。

時給が高い人は、みなビジネスの仕組みをつくる人です。

「作業に逃げずに仕組みをつくることでこそ、時給が高くなる」のです。

時間がない人ではなく、時間がある人にお金は集まるのです。

僕がひとりで作業をしても、たいした収入にはなりません。

しかし僕が、僕と同等の作業ができる人を10人育て、仕事を任せて動いてもらえば、売り上げ自体は10倍になります。経費はかかりますが、それ以上に収入が上がるのです。

時給が高い人は、お金が入ってくる仕組みをつくる人です。作業より、アイデアや戦略、仕組みづくりが大事だと考えている人です。

作業に時間を取られず、時間に余裕を持つ人にお金は集まってくるのです。

働けば働くほど時給は下がる

僕が初めに行なった副業は、ブログで記事を書いて稼ぐというものでした。話題性の高い最新のトピックとなるような記事を書き、そこから収入を得ていたのです。当然、自分ひとりでコツコツ副業をしていたので、作業に時間を取られていました。

アクセスが上がりそうなトピックスを探す。記事を書く。

これをひたすら回転させる毎日でした。

しかし、これは、時給思考で動いているとは言えません。なぜなら、作業時間は長いのに、入ってくる金額は少ないからです。

そこで、僕はお金を生み出す仕組みをつくる側の人間になることに決めました。**仕組みをつくれば、自分が働かなくても勝手にお金が入ってくるようになります。**

作業時間が長いと、時給は下がる。作業時間が短いほど、時給は上がるということを知っておいてください。

多くの成功者が時給思考で動いている

僕の周りの成功者も、みな時給思考で動いています。みなビジネスの仕組みをつくり、作業には時間を割きません。だからこそ、自分の時間を確保でき、経済的にも不自由がないのです。

僕の右腕に青木さんという人がいます。彼は以前、ブラック企業に勤めていました。残業は当たり前で、**なんと時給が300円だったそうです。これは、作業時間が長く、時給思考とは真逆の考え方で動いていたからにほかなりません。**

僕と一緒に働くようになった青木さんは、今ではすっかり時給思考を身につけ、年収は1000万円を超えています。

時給300円から年収1000万円に短期間で自分を劇的に変えられたのは、時給思考が身についたからです。

あなたも、時給思考で働き方を変えれば短期間で人生を良い方向に変えられるのです。

POINT 01

時給が高い人は仕組みをつくり、
作業を人に任せる

POINT 02

作業時間が長くなると、
時給が下がっていく

POINT 03

時給思考を身につければ、
短期間で人生が劇的に良くなる

時給思考 10

1.5流×1.5流で一流を超えられる

一流を目指すのはコスパが悪い

ビジネス書のタイトルでは、『一流の～』というものをよく見ます。たしかに、一流になれば、経済的にも時間的にも自由を手にできそうです。

しかし、一流になることはそう簡単なことではありません。それこそ、時間がかかりますし、運も必要です。そう考えると僕は、必ずしも一流を目指す必要はないし、むしろ一流を目指すのは非効率なのではないかと考えています。

僕の周りの成功している人々も、一流になろうとは考えていません。自分に足りないところは、できる人に任せればいいと考えている人ばかりです。

時給思考で考えると、最短で最大のお金を生み出す必要があるので、スキルを完璧に磨くことは、時間効率を考えてもいい方法ではないのです。一流になれるならなったほうがいい、しかし、一流を目指すことには大きなリスクがあるのです。

そこで、良い方法があります。1・5流のスキルを2つ身につけるということです。

1・5流になることは、そんなに難しいことではありません。

TOEICを考えてみてください。990点を取るのは難しいですが、700点ほどの点数を取る人はけっこういます。それなら、990点を目指すのではなく、700点を目指して英語スキルを磨き、それプラス他のスキルを身につけたほうがいいのです。たとえば、**1・5流の英語スキルと、1・5流の集客スキルがあれば、一流の英語スキルを持つ人よりも時給を高めることは簡単です。**

僕自身、1・5流のスキルを2つ掛け合わせることで、今期は5期目にして年商10億円を見込んでいます。完璧主義は、非効率なので、やめてしまっていいのです。

完璧主義をやめる

僕はまさにこのタイプで、自分ですべてを行なおうなどと考えていません。たとえば、僕は現在、スクール事業を行なっています。この事業は、やることがとにかくたくさんあります。

新しいノウハウの仕入れ・開発、サポート体制を充実させるための指導者の増員・専門家の招聘《しょうへい》、ノウハウの解説動画の作成、生徒さんが最短で結果を出すための記事の執筆、ホームページの整理、直接対面での指導、アフターフォロー、セミナーの企画・実施……、生徒さんが成果を出すためにやることは多種多様です。

さらには、本書のような書籍を出す仕事までやっています。これをひとりで行なうのは至難の業《わざ》です。

そこで、僕はスクール事業の作業に関しては、専門家の力を借りることが非常に多いのです。**専門家やビジネスパートナーと組んで一緒に仕事をすることで、生徒さんの結果も出やすくなるので、多くの人の力を借りながら事業を回しています。**僕がやることは、ビジネスの仕組みを考えることだったり、最新ノウハウの開発やサポート体制の充実など、生徒さんが最短で結果を出し、満足度が高まる教育を提供する仕組みづくりなどに限定しています。

10の仕事があったら、**本当に重要な2個のことしかやらないのです。そして、本当に重要な仕事しかしないことで、大きな成果が出せ、時給が上がるのです。**

あとの8個は、得意な人に任せれば良いのです。

すべて、一流のスキルを持つ必要はありません。1・5流のスキルを2つ持ち、あとは得意な人に任せる。これが、時給思考で動く人の鉄則です。

POINT 01

一流を目指すのは非効率

POINT 02

スキルを組み合わせれば、一流を超えることができる

POINT 03

仕事は2割自分でやって、残りは得意な人に任せる

全部自分でやらない。できる人に任せる

任せる勇気を持つ

時給思考で時給を高めるには、作業を人に任せることは欠かせません。全部自分でやると時給は下がるからです。

とはいえ、時給思考で物事を考えることに慣れていない人が、いきなり人に仕事を任せることに躊躇《ちゅうちょ》してしまう気持ちもわかります。

僕自身、会社員として働いていたときには、なるべく仕事は自分で完結させたいと思っていたものです。

人に任せることは、はじめのうちは難しいので、「人と一緒に行なう」という視点を持ってください。

仕事を丸投げするのではなく、人に任せつつサポートをしながら仕事を進めるのです。

これなら、任せるという心理的ハードルを下げることができます。これを続けていると、だんだん人に仕事を任せることに慣れてきます。

得意な人に任せる

さらに、人に任せることの心理的ハードルを下げる方法があります。

それが、得意な人に任せるということです。一度、スペシャリストに仕事を任せて行なってもらえば、質の良い結果を出してくれることがわかります。

そうすると、自分でやるよりも、人に任せてしまうほうが効率的だし、成果も出るということがわかるでしょう。

不得意なこと、そこまでスキルが高くないことを自分でしてしまえば、時間もかかりますし、仕事の質も落ちてしまいます。

これでは、時給はどんどん下がり、時給思考ができているとは言えません。

時給思考を持つ人は、得意な人に任せるということをして、時給を上げています。

自分がやるよりも、より大きな成果を出してくれる人がいるのなら、その人に任せるにこしたことはありません。

新しく生まれた時間で、よりよいビジネスの仕組みを考えていくべきです。

時には「時間をお金で買う」ことも大事

もうひとつ、人に仕事を任せることに心理的なブレーキをかけることがあります。それは、人に任せれば、そのときには必ず、やってくれた人に報酬を支払わなければならないからです。

これは多くの人が、はじめのころにつまずく原因でもあります。お願いをする人が多くなればなるほど、お金が出ていってしまうのです。

しかし、よく考えて見てください。時給が上げられるのなら、人に任せたほうがメリットが多いのです。

1時間で5000円の仕事ができる人に、時給4000円の報酬を支払っても損はしません。むしろ1000円、あなたが何もしなくても自動でお金が入ってくるのです。

時給思考で成功している人は、時間を買うためにお金を使います。

あなたも躊躇することなく、時間を買い、時給を高めてください。

POINT 01

時給の低い仕事は、
人に任せる

POINT 02

自分より得意な人に任せることで、
成果も上がり時給も上がる

POINT 03

時間をお金で買うために、人に任せる

自分の頭を時給思考に洗脳する

潜在意識レベルで時給思考を身につける

「時給思考で動けば、必ず願望を達成できる」

自分には成功がふさわしいと思えなければ、時給思考は身についていきません。**「時給思考で動けば何事もうまくいく」、こう自分で確信を持ち、セルフイメージを高めることができれば、あなたは自然と成功に向かっていけます。**

人間の意識には、潜在意識と顕在意識の2種類があります。一説には、潜在意識が96％、顕在意識が4％と言われています。

つまり、人間は潜在的に思っているように、動いてしまうのです。

だからこそ、自分は成功できると確信しておく必要があります。

そのためには、自分が時給思考で動いて成功しているイメージをしっかりと頭に焼き付けることです。

時給思考をした結果、どんなライフスタイルを実現しているのかを、自分なりに、しっかりとイメージしてください。

1日24時間4万回のセルフトークで自己洗脳する

時給思考を身につけると、経済的にも時間的にも余裕が生まれます。

しかし、時給思考というのは、しっかりと自分の中に定着するまで、意識付けをしていないと、なかなかできるようにはなりません。

ある意味、自分を時給思考で洗脳しなければならないのです。では、どうすれば時給思考がしっかりと身につくのか。

これには、セルフトークが役立ちます。セルフトークとは、自分の頭の中で自分と会話をするということです。

実は、誰もが1日4万回も自分自身と会話をしているという研究結果があります。

「時給思考で考えると、何を選択すればいいのか？」

「時給思考なら、どう行動すればいいのか？」

このように、「時給思考で考えると？」ということを、自分自身に向かって問いかけるクセをつけると、時給思考は自然と身についていきます。

環境から時給思考を身につける

潜在意識レベルで、「自分にとって成功が当たり前のことだと確信する」ための効果的な方法があります。それが、成功者の環境にふれるということです。

僕自身、成功を当然のものとして自分の中で受け入れるために、まだ収入が多くない時期から、家賃80万円のマンションの内見に行ったりしていました。

ほかにも、高級ディーラーに入って、高級車を試乗してみる。ブランド物をひたすら見たり、試着してみるというのもセルフイメージを高めるいい手です。

一番おすすめなのは、『ミシュランガイド』に載っているお店で、ご飯を食べてみることです。

ポイントは、夜に行かないことです。夜に行ってしまうと、一人2、3万円かかりますが、ランチなら1500円程度で出してくれるお店があるのです。

成功が当然だと思うためには、成功者の環境に触れることが最も効果的なのです。

POINT 01
時給思考で動いて成功できると確信する

POINT 02
1日中時給思考で考えて、自分の頭を洗脳する

POINT 03
成功者が体験する環境に身を置いて成功を当然と思う

時給は10倍を目指す

第3章

身の丈に合った考えだけだと、時給はなかなか上がらない。身の丈をはるかに超えた高い目標を掲げた人だけに、時給の神様は微笑む。今の延長線上のやり方で膨大な時間を費やしても、時給は上がらない。今のやり方を破壊し、付加価値を生み出す仕組みを構築した人間だけが、富と自由を享受できるのだ。

時給は2倍ではなく10倍を目指す

小さな目標より大きな目標が実現する

あなたは、「プロスペクト理論」という行動経済学の法則をご存知でしょうか。

これは、人間が目の前に利益があると「利益を得られない」リスクを回避し、損失を目の前にすると「損失」のリスクを回避しようとする、ということを示したものです。人間とは、もともと「リスクを回避したい」と思っているのです。

しかし、リスクの回避ばかり考えていては、時給は上がりません。ビジネスは、現状維持では大きくなっていかないのです。そればかりか、現状維持をしようと何の策も打ち出さなければ、衰退するのです。

ビジネスで成功するためには、なにかしらにチャレンジ、投資をすることが必要なのです。

そもそも、**人は目標以上のことができません。**これは、夢でも収入でも言えることです。**だからこそ、目標は高く設定しなければなりません。**

たとえば、お金の話で言えば、時給をなかなか上げられない人は、「お小遣いを少し増やす」程度の目標を立ててしまいます。

これでは、月々数万円の収入アップが限界でしょう。これでは、自分の望む理想の収入を得ることはできませんし、作業時間が増えることを考えると、時給は下がる可能性があります。

時給を大きく上げる人は、時給を10倍にするといった大きな目標を設定します。想像できないほどの目標を設定するからこそ、達成へのエネルギーもわくのです。

そして、発想の幅も変わってきます。

たとえば、**時給を１０００円上げようと考える人は、現状の延長線上でもっと頑張ろうと考えます。「作業の時間を増やす」といったことに終始してしまうのです。**

しかし、**時給を1万円上げると目標を設定した人は、現状の延長線上で頑張ってもその時給には到達しないので、「収入が増える仕組み、ビジネスの仕組みを考える」ようになります。**

つまり、働き方を根本的に変えていけるのです。

時給が高い人は、作業を今より頑張る人ではなく、仕組みを考える人なのです。

そして、大きなお金を得ようと考えれば、ちょっとしたお金が手にできた程度では、貯金しようとは思わなくなっていきます。

莫大なお金を手に入れようと思えば、手に入ったお金を投資して、もっと大きなお金を手に入れようと考えられるようになります。

これこそが、経済的にも時間的にも自由を手にしている人がやっていることなのです。

人は、リスクを避ける性質を持っています。しかし、**リスクを避けることばかり考えていると、欲しい時給は手に入りません。**

だからこそ、目標は高く設定するべきなのです。

996人がやらないことをやる

年収2000万円の人は、1000人に4人。こういうデータがあるのだそうです。

1000人に4人と言われれば、何だかできそうな気になりませんか？

単純に考えれば、年収2000万円が欲しいのなら、996人がやらないこと、できないことをやればいいのです。

しかし、年収2000万円以上の人がやっていることが、難しいことか？　と考えると、そうではありません。

断言できますが、誰にでもできることなのです。

誰もが年収2000万円を達成できる能力があるのに、それが実現できていない理由は、たったひとつです。**年収2000万円の人は莫大な額の時給を目標にしているからで、その他の人は大きな目標を持っていないからです。**

「そんな無謀な目標は立てられない」という人もいるでしょう。しかし、時にはバカなことを考えることも、成功する要因になります。なぜなら、あえてバカになれば、行動力と勇気がわくからです。

頭脳明晰な人ほど、あれこれ考える力がある分、勝率を計算してしまい、行動することができないのです。

目標は大きく持つ。だからこそ、達成への前進エネルギーがわくのです。

POINT 01

人は損失を回避したい性質があるが、
それでは時給は上がらない

POINT 02

時給の目標を高く設定して、
根本的に稼ぎ方を変える

POINT 03

あえてバカになれば、
行動力と勇気がわいてくる

時給を計算する

多くの人が、自分の時給を知らない

あなたはこれから、時給思考で日々を過ごしていこうと考えていることでしょう。しかし、多くの人が、自分の今の時給を知らずに日々を過ごしています。

「あなたの今の時給を教えてください」

これにすぐ答えられますか？　答えられない人が多いはずです。現状の自分の時給を答えられない時点で、時給思考はできていないということなので一度計算してみてください。

たとえば、月収30万円の人で、週に40時間、月に160時間ほど働いている人の時給は、「30万円÷160時間＝1875円」です。

では、もう少し詳しく年収別に考えていきましょう。

年収1000万円の人の時給は、約5000円です。

1000万円÷12カ月＝84万円

1カ月に20日働くとすると、日給約4万円（84万円÷20日＝4・2万円ですが、わかりやすく4万円とします）です。

1日8時間働くとすると、時給は5000円（4万円÷8時間＝5000円）です。

これに従って考えてみると、「年収3000万円では時給1万5000円」「年収1億円では、時給5万円」になります。

時給5万円に気後れしてしまう人もいるかもしれませんが、時給5000円なら稼げそうな気がしませんか。

実際に、僕が指導して時給5000円を稼ぎ出せるようになった人は大勢います。

時給への感度を高める

目標があったり、やりがいを感じながら会社員をしている人を僕は尊敬します。

しかし、もしも、仕事が報われないと思っているのなら、今からビジネスオーナーを目指してください。

それは、**給料で生きているうちは、自分のやった分のお金はもらえないからです。**

自分が頑張っただけのお金をもらいたいと考えるのが、人情でしょう。でも、組織に入れば、どこかで誰かにあなたの頑張って稼いだお金が、搾取されているのです。

努力や能力ではなく、年度や年齢で給料の金額を決められるようなシステムの中で働くのは悲しいと思いませんか。

僕は、あなたがやった分だけ、お金がもらえるシステムの中で働くことを強くおすすめします。

人に収入を決められているうちは、時給への感度は上がっていきません。

自分の能力や努力がお金になるからこそ、お金に真剣になれるし、時給への感度が上げられるのです。

幸せな気分を味わいながら収入を得るには、時給を自然に意識できるような環境をつくるのが一番です。

年収1億円の人は、時給思考

年収が1億円を超える人は、例外なく時給思考で動いています。

僕は、年収300万円の人は月収思考、年収1000万円の人は年収思考、年収

1億円の人は時給思考で動いていると感じています。

年収300万円の人は、安定して収入を得ることを大切にしているので、月収を気にしています。

年収1000万円の人は、自分の仕事ぶりや評価が年収に跳ね返ってくるので、1年間の収入を気にしています。

しかし、年収1億円の人は時給思考です。なぜなら、時給5万円以下の仕事をしないことを大切にするからです。

時給思考の人は、働き方が違うのです。自分のやるべきことと、やらないことが明確にわかっています。時給思考の人は、時間に価値を置いている人なので、この点にこだわっているのです。

俯瞰して時給の推移を見る

僕は監査法人時代には、財務諸表分析をしていました。数字を扱う仕事だったので、全体を見る癖がついていたのです。

担当する会社の、全体の売上高、総利益、営業利益、経常利益、当期純利益、資産と負債のバランスなどを見ていきます。

これくらいの売り上げの企業で、これくらいの借金があったら、支払い利息はこれくらいあって、ではどうすれば財務状況は良くなっていくか、ということを見るのです。

これは目標達成においても参考にできる考え方です。まず冷静に全体を見て、目標を達成するためにどうしていくべきかを考えるのは大切なのです。

そういう意味ではビジネスパーソンは、**時給を上げるには、少しくらい簿記を勉強しても良い**のではないかと思います。

自分がどうやって儲けているのか、ということは俯瞰して見るべきです。

貸借対照表、損益計算書、キャッシュフロー計算書など、大きい項目だけで良いので、ある程度俯瞰して見られるように数字のトレーニングをしてみましょう。

たとえば、会社員だったら毎月の月収がいくらで、手残りはいくらでという単月的な視点ではなくて、1年間のトータルで見ることです。

源泉徴収票を見ながら、1年でこれくらいお金が入って、これくらい税金を支払って、家賃でこれくらい払って、これくらい手残りしたといったレベルでいいので、わかるようにしておくことです。

この本は時給思考を指南するものなので、1時間という短いスパンの話をしていますが、時には冷静に、自分のお金の流れを俯瞰して見てください。

全体を見て、自分の時給がどう推移していったか、今後どうしていけばいいのか、そういう大局的な視点を養うのは大事です。

この視点が身についてこそ、やるべきこと、やらないことをしっかりと明確にすることができるのです。

俯瞰して数字を見ることも、時給を高めるためには大切なことなのです。

POINT 01
ビジネスオーナーになれば、
自分で行動した分お金になる

POINT 02
年収1億円超の人は、
例外なく時給思考

POINT 03
俯瞰してお金の動きや時給の推移を見る

長期目標はいらない

3年後の目標でやる気になるのは難しい

人間は、1年後、3年後、5年後の目標を設定しても、なかなかうまく達成できません。なぜなら、単純にあまりに長いスパンで目標を設定しても、行動が明確にならないからです。

何をやればいいのか、ということが明確でなければ、行動できないのが人間です。だからこそ、本書でご紹介している時給思考が大切なのです。

この1時間何をするのか、ということが明確なら、迷いなく行動ができます。

自分の大きな目標を、目の前の1時間の行動に落とし込むには、やはり3年先など長期の目標では長すぎます。

だからこそ、1カ月という短期の目標を立て、それを回転していくことが、達成のカギとなるのです。

現状と理想の未来を紙に書き出す

時給思考を自分の中に定着させるために、僕は現状と理想の未来を紙に書き出す、ということをやっていました。

まずは、**やるべきこと、達成したいこと、楽しみたいことを全部書く**のです。

わかりやすい例でいうと、出版したい、起業したい、脱サラしたいといったことを書くのです。もっとわかりやすくいうなら、ここの焼肉屋さんに行きたいといったことです。

それを書き出したら、「今やらなくてはいけないこと」を書きます。そして、「今やらなくてはいけないこと」の中で、「やめたいこと」を書くのです。

たとえば、掃除をしたくない、洗濯をしたくない、安い肉を食べたくないなどと書いていくのです。

そして、**やりたくないことがやめられる策を考えていく**のです。

掃除をやめたいのなら、家事代行を雇えるようになったり、会議室の予約を取りたくないのなら、任せる人を雇うといったことです。

この「やりたいこと・やめたいことリスト」はノートでもいいですし、パソコンやスマートフォンに入れてもかまいません。

一番良いのは、**そのリストをパソコンやスマートフォンの壁紙にしてしまう**ことです。パソコンやスマートフォンに、やりたいこと、いつかやめることを見えるようにして、毎日見ていると、目標が達成されやすくなります。

単純に、行動に迷いがなくなるからです。

プランに時間をかけすぎない

やるべきことが明確に見えてきたら、3日間かけて、リサーチしてみてください。

3日間全力でリサーチしたら、何をすればいいのかが見えてきます。

ただし、調べるだけでは収入が上がらないので、3日間調べたら、必ず4日目から動き始めましょう。あまりだらだらと調べていると、動き出すのがめんどうになってしまいます。

POINT 01

長期目標を立てても行動できない

POINT 02

紙に「いつかやめること」を書いて毎日見ると、行動に迷いがなくなる

POINT 03

リサーチに時間をかけすぎない

時給思考 16

時給思考に変わるステップ

PDCAよりCAPD

社会人になったら、一度はPDCAというビジネスのフレームワークを聞いたことがあるのではないでしょうか。ビジネス書でもPDCAを扱った内容のものにはヒット作が多くあります。

目標を達成するためには、PDCAが重要だと考えられています。P（計画）、D（実行）、C（評価・検証）、A（改善）のサイクルを回し、仕事をしようということです。

しかし、僕は、PDCAサイクルを回すことに疑問を持っています。なぜなら、まだやってもいないことに、いきなり計画を立て、始めることは非効率だと考えるからです。

僕がおすすめするのは、**CAPDサイクル**を回すことです。

たとえば、わかりやすく、資格試験で考えてみましょう。

PDCAを回すと、P（計画）「問題集を1日○問解いて力をつける」→D（実行）「試験を受け不合格」→C（評価・検証）「なぜ不合格になってしまったのかを考える」

↓A（改善）「勉強方法を改善する」

となります。多くの試験は1年に1回、試験によっては受けられる回数も決まっているので、この方法はリスキーです。

そう考えると、**Cから始めるべき**です。

試験に受かった人はどう勉強したのか、落ちた人はどういう勉強をしたのか、という「評価（C）」から始めるのです。そして、「改善点（A）」を理解した上で「計画（P）」し、「実行（D）」すれば結果が出やすくなるのは間違いありません。

チェック・評価から始める、CAPDサイクルを回す人が効率よく目標を達成していくのです。

ここで、時給を上げるために、具体的にどのようにCAPDサイクルを回していけばいいのかをお話ししておきます。

①C（評価・検証）

自分のモデルとなる人を決める。そして、その人がやっているタスク、優先順位の決め方、やっていないことをチェックする。

②A（改善）
Cであぶりだしたことを、自分に当てはめて、やるべき行動を見える化する。

③P（計画）
達成までの時間軸に従って、やるべきタスクを出していく。

④D（実行）
行動する、または、人に頼んでやってもらう。

この**CAPDサイクルを理想の時給になるまでひたすら繰り返す**のです。
このサイクルを回すことこそが、時給思考を身につけ、効率的に理想の時給を稼ぎ出すための秘策になります。

POINT 01
経験がないことは、最初に計画を立てることができない

POINT 02
C（評価・検証）からCAPDサイクルを回す

POINT 03
まずはモデルとなる人を分析し、自分に当てはめる

目標はスピード達成を目指したほうが、質も成功率も高くなる

スピードが命

目標達成では、なによりもスピード感を持って突き進むことが大事です。短期間でやり遂げることを決意してください。

なぜなら、人は難しいことを早くやることで、行動の質とスピードが格段に上がるからです。だからこそ、この章では「短期間で達成する大きな目標を掲げよう」とお話ししてきました。

難しいことを短期間で行なうには、否が応でも緻密な計画を立て、集中しなければならなくなります。したがって、スピーディーに丁寧な行動をするので、短期間で目標を達成できるのです。

ある有名な凄腕の医師は、1日に10以上の手術をすることがあるそうです。

しかし、そういう難しく、数多くの手術を行なう日ほど、仕事の質が上がり、患者さんの満足度も高いのだそうです。

仕事に関していえば、**「ひとつの仕事を丁寧に1度やるよりも、ひとつの仕事を何**

回転も回転したほうが質が良くなる」ということを語る成功者は多いものです。

そのためには、何よりもまず、すぐやり始めること、CAPDを毎日回していくこと、が大事です。

スピードを重視する人ほど、成功しています。あなたもぜひ、スピードにこだわって、目標に向かってください。

100万部を実現する方法

ここで少し、僕の出版に関する目標をお話しします。

僕は、より多くの人に、自分のノウハウを知ってほしいと考えています。できれば、100万人の人に読んでもらい、人生を変えてほしいと思っています。

しかし、100万部を超える本を出すことは非常に難しい。1年に1冊も出ないこともあるのです。また、出版不況を考えると、10万部の本を出すことも至難の業です。

ベストセラーを出すには、内容、販売促進が大事ですが、それにプラスして、運も味方にしなければなりません。

こう考えると、ミリオンセラーを出すことは奇跡だと言えます。

そこで、僕は、1万部の本を100冊出すことに決めました。

ミリオンセラーも、1万部の本を100冊出すことも、結果は同じです。

僕のノウハウを、100万人が知ってくれる、ということに変わりはないのです。

100万部の本を出すことはハードルが高いですが、1万部の本を100冊出すことは、頑張ればできそうです。1回か2回、増刷をすれば本は1万部に到達するので、コツコツ頑張ればできないことはありません（元ネタは、千田琢哉さんの『印税で1億円稼ぐ』あさ出版です。よければ読んでみてください）。

これは、大きな目標であり、しかも、スピード感を持つことにつながっています。

無言実行

目標を立てたら、人に言ってしまったほうが実現するという人がいます。

しかし、目標は人に言うものではありません。

目標を立てたら、ものすごくモチベーションが上がるので、人に言いたくなる気持ちもわかります。しかし、言ってはいけません。

僕の周りの成功者はみな、無言実行で、有言実行の人はいないのです。

この理由は単純で、あなたの足を引っ張る人があまりにも多いからです。

人は、自分と同じようなレベルの人と集まって、コミュニティを形成しているのが普通です。そして、仲間の中からチャレンジする人が出てきて上に上がっていくのを、意識的にも無意識的にも引きずり落とそうとしてしまうのです。

なぜなら、人は現状維持を好むからです。自分のコミュニティの中に、違和感がある人間、コミュニティの価値観を壊してしまう人間がいることで、現状が破壊されることを恐れるのです。

「そんなことやめておいたほうがいいよ」「それは失敗するんじゃないか」「今でも十分じゃないか」相手はあなたのことを思ってアドバイスしてくれているつもりかもしれませんが、それはただ自分が現状を壊されたくないからだけなのです。

だからこそ、**目標を立てたら、人に言うのではなく、ひたすら無言で行動を積み重ねていきましょう。**

多くの成功者が、この無言実行のルールを持ち、目標を達成しています。

POINT 01
スピードを上げたほうが、質も良くなる

POINT 02
1冊×100万部より、100冊×1万部のほうが達成する確率が高い

POINT 03
目標を言ってしまうと、足を引っ張られる

時給は「仕事選び」で9割決まる

第4章

残酷な話をしよう。実は、今の仕事を選んだ時点であなたの時給の天井は決まっている。天井が決まったところでどんなにあがいても、その天井以上の時給を手にすることはできない。コンビニのバイトで、どんなにレジのスピードが速くなっても、時給が10倍になることはない。まずは、その現実に向き合おう。

時給思考 18

コンビニのアルバイトを極めても、時給は上がらない

お金持ちになる2つの方法

高時給を得たいと、多くの人が考えています。しかし、現実的には、高時給は、どんな仕事をするかでほぼ決まってしまいます。

年収3000万円、つまり、時給1万5000円を超える方法は3つしかありません。

1つ目は、会社に属しながら、会社員として高給を得る。

2つ目は、起業する。

3つ目は、投資家になる。

この3つしかありません（プロスポーツ選手などをのぞいて）。

僕がおすすめするのは、2つ目の「起業家」と3つ目の「投資家」になることです。

これは、単純にビジネスや投資で、お金が入る仕組みをつくることが、1つ目の会社員として高時給を得るより簡単だからです。

時給1万5000円（年収3000万円）を得るのは、超エリートでなければ無理なのは言うまでもないでしょう。

時給が高い仕事とは？

ここでもう少し詳しく、時給の高い職業について考えていきましょう。

お金持ちになれる職業は限られています。

ちょっと考えてみてください。一般の人が買う商品、サービスで、高額なものはなんでしょう。

それは、**家、保険、車、教育**です。

つまり、単純に考えて、この業種でビジネスをすることが時給を上げる一番の近道なのです。

これらの業種のビジネスオーナーはもちろんですが、外資系金融企業のエリートや、歩合制の不動産、保険のトップセールスマンの中には、時給1万5000円（年収3000万円）を実現している人はざらにいます。

これらの業種のビジネスオーナーで、さらに投資家であると、時給はさらに上がっていきます。また、こういった業種のコンサルタントになることも有効です。

1日で5000万円稼いでいる人に出会った衝撃

僕が初めて行った高額セミナーの参加費は、2日で10万円でした。インターネットを駆使したコミュニティビジネスの基礎のノウハウを教えてくれるという内容でした。なんと驚くことに、参加費が2日で10万円にもかかわらず、約500人が来ていたのです。

会場代やスタッフの人件費などもあるかもしれませんが、2日分なので、そんなに経費がかかるとも思えません。

それにもかかわらず、売り上げで考えれば2日で約5000万円を稼ぎ出していたのです。

これは教育事業ですし、コンサルタント的な仕事でもあります。

稼げる業種は、驚くほど短時間で高収入を得られるのです。

僕は、このセミナーに参加し、このセミナー講師に出会ったことで、思考の大転換を迎えたのです。

時給が上がる仕事、上がらない仕事

仕事には時給が上がる仕事と、時給が上がらない仕事があります。

やりがい、使命感など、仕事への満足感の抱き方は人それぞれで多様です。

ただ、**事実として、どんなに働いても、時給が上がらない仕事があるのです。逆に、必ず時給が上がる仕事、もともと時給が高い仕事があるのです。**

誤解を恐れず言うと、コンビニのアルバイトで頑張っても、報われないのです。時給が上がったとしても、数十円、数百円の単位でしかないからです。

どんなにレジのスピードが上がっても、チキンをあげるスキルが上がっても時給が大きく上がることはないのです。

1時間あたりの作業量が増えるだけ、心身ともに消耗するだけなのです。

POINT 01

時給1万5000円を超えるには、
エリート会社員、起業家、投資家の3つしかない

POINT 02

高時給を稼げる業種のビジネスオーナーや
投資家になると、時給がはね上がる

POINT 03

どんなに頑張って働いても
時給が上がらない仕事がある

時給が上がる人の鉄板法則

買う側ではなく、提供する側に回る

時給が高い人は、受け身ではない人です。簡単に言ってしまうと、買う側の人ではなく、提供する側の人になるということです。

たとえば、**セミナーを受ける側ではなく、自分で開く側の人間になる。コンサルを受ける側ではなく、コンサルする側の人間になる。**

こういった、受け身ではない人がやっていることはなんでしょうか。

それは、**情報発信**です。

情報発信のために必要なスキルは、コピーライティング、パブリックスピーキング、マーケティングの3つです（詳細は第8章で解説します）。

特に、パブリックスピーキングのスキルは最低限持っておくべきものです。なぜなら、自分以外に、自分の代わりはできないからです。パブリックスピーキングは、慣れが重要で、才能がいらないスキルです。毎日数十分の練習で必ず向上するスキルなので鍛えておいて損はないでしょう。

まずは実績をつくる

収入が爆発的に伸びる瞬間は、教える側に回ったときです。教える技術があれば、収入が飛躍的に伸びます。

何かしらの道で、あなたが5万円の収入を得るようになったとします。そうしたら、5万円の収入を得るノウハウを教えればいいのです。

5万円の収入を手に入れるノウハウを1万円で教えれば、お客さんが5人いれば、5万円の収入になります。50人に教えれば、50万円の収入です。

それを教えている動画を撮って1万円で販売すれば、自分は何もすることなく自動的にお金が入ってくる仕組みが生まれます。

つまり、時給が上がっていくのです。教える技術は、収入を大きくしますので、ぜひスキル化してほしいと思います。

お金を稼ぐ方法は2つ

お金の稼ぎ方は大きく2種類あります。

「人」で稼ぐ。もうひとつは、「物」で稼ぐ。

「人」で稼ぐ典型的な例が、芸能人だったり、コンサルタントだったり、著者です。

たとえば、イチローが「頑張れ」と言ったら「はい、頑張ります！」となりますが、普通のサラリーマンから「頑張れ」と言われても、「頑張ろうとは思わない」ものです。

つまり、自分自身が他者に何かしらの影響を与えて、お金を稼ぐ方法が、「人」で稼ぐということです。

しかし、普通の人が自分の影響力で稼ぐのはなかなか厳しいものです。

そこで、**僕のおすすめは、まずは「物」で稼ぐということです。**「物」で稼ぐとは、たとえば物販です。商品そのものに価値があるので、誰もが稼ぎやすいのです。

たとえば、同じ商品なら、マツキヨでも、セブンイレブンでも、ミニストップでも、Amazonでも、どこで売っていても、価値は変わりません。つまり、自分の影響力に関係なく商品が売れるのが物販の魅力なのです。
まずは、物で稼ぐ、次の段階で人で稼ぐということを考えてみてください。

失敗しないために

この項目の最後に、失敗しない起業法をお伝えしておきます。これは、**ホリエモンこと、実業家の堀江貴文さん**が語っていたのですが、今からビジネスを立ち上げようという人には、大変役に立ちます。

①在庫を持たない
②初期投資をかけない
③利益率が高いビジネスをする
④安定するビジネスをする

これが、ビジネスの4原則なのだそうです。

たしかに、これなら大きな失敗をすることはなさそうです。ぜひ、参考にしてみてください。

POINT 01

代えがきかないパブリックスピーキングの能力を身につける

POINT 02

物を売って自分で稼ぎ、その方法を教えてさらに物販より多く稼ぐ

POINT 03

「在庫を持たない」「初期投資をかけない」「利益率が高いビジネスをする」「安定するビジネスをする」の4原則を守る

時給が高い人のインプット、アウトプットのルール

対面＞対話＞動画＞音声＞文章

時給を上げる人は、日々、情報を仕入れ、知識をつけていく人です。ここで、効果的な学習法についてお話しします。

情報収集、知識の定着に効果的な学習には順位があります。対面→対話→動画→音声→文章。この順番で学習効果が高いと僕は考えています。

例を挙げると、**対面とは、コンサルティングやセミナー、塾で話を聞く。対話は、電話、スカイプ、LINEで話を聞く。動画、音声は、ユーチューブ、オーディオブックを聴く。文章は、本やPDFで学ぶ。**

対面は、驚くほど効果を発揮します。生で会って直接指導してもらうので当然です。対面には、一対一や一対複数と、さまざまな形がありますが、個人レッスンが一番効果があるのは言うまでもありません。

対話も、直接話を聞くことができるので効果が高いものです。対面よりは効果が落ちますが、場所や時間に縛られないというメリットもあるのでオススメです。

動画、音声、文章は、かかるコストが低い分、効果は少し落ちてしまいます。また、インプットのみで、なかなかアウトプットにつながらないという特徴もあります。

やはり、**学習するのならお金をかけたほうが、効率的ですし、費用対効果も高い**のは間違いありません。ノウハウを吸収し、実践し、収入を増やすことができれば、今度はその方法を教えることができ、それがお金を生みます。

そう考えると、学びにお金をかけることはいい方法なのです。

メリットを無償で与える

学んだことを、すぐに情報発信することはいいことです。その際、情報は無料で発信することとです。これには、2つの意味があります。

ひとつは、アウトプットになるので、知識が定着するからです。

もうひとつは、**あなたが無料で発信した情報で実際に成果を出した人は、もっとあなたの情報やノウハウが欲しくなる**からです。多くの見込み客を集めることにつながるので、学んだことは無料でアウトプットすることをおすすめします。

POINT 01
知識の定着率は、
対面→対話→動画→音声→文章の順

POINT 02
学びにお金をかけることで、
そのノウハウが将来お金に換わる

POINT 03
無料で情報発信すれば、
見込み客の獲得にもなる

自己流は事故る

第5章

凡人が「オリジナリティ」にこだわっても付加価値は生み出せない。残念ながらそれが現実だ。一部の天才を除いたら、自己流にこだわると100%失敗する。武道でも型があるように、時給を上げるのにも型がある。守破離の「守」を徹底的にやり込んだ先に、大きな果実は待っているのだ。

できない人ほどオリジナリティに固執する

メンターを見つけ徹底的に真似する

時給を10倍にするためのビジネスを始める上で、とても大切なことがあります。それは、〝自己流〟でやらないということです。

人は何事にも、自分のオリジナリティを出そうとしてしまいます。「いやいや、自分は凡人だから、そんなことはないよ」と言う人もいるかもしれませんが、人は自分のことをどこかで特別な存在だと思っているものなのです。「たしかに成功している人はそう言っているかもしれないけど、こうしたほうが絶対にいい」こう思って、**〝自己流〟でビジネスをしてしまう人がいますが、それでは一部の天才をのぞいては100%うまくいきません。**

僕のセミナーなどに参加する人の中でも、僕のノウハウ通りのことをせず、自己流で頑張ってしまう人がいますが、そういった人はほぼ失敗しています。

〝自己流で事故る〟前にやるべきことは、メンターを見つけることです。メンターとは、あなたにとっての先生、つまり、あなたが実現したい目標をすでに達成している人のことです。

その人の思考や行動を真似することで、あなたは最短で欲しい結果を手にすることができます。

時給が高い人はカンニングの天才

時給が高い人は、例外なくカンニングの天才です。

すでに成功している人の、思考、行動、習慣を身につけることができれば、同じような結果を出すことができるからです。

まずは、徹底的に成功者を真似することです。僕自身、セミナーなどの参加者には、「僕のことを100%真似してください」とお話しします。

武道を考えてみてください、必ず型から学んでいきます。型がしっかりできて、それから自分の工夫を加えていくのです。

型がないのに戦っても、勝負に勝てるはずがありません。

僕の今までの経験からお話しすると、時給を上げられない人は、真似することは悪いことだと考えています。

普通の人は、少し真似します。一方、お金持ちは、すべて真似します。そのように真似することから始めなければ、何事もうまくいかないのです。

結果が出ない２つの理由

結果が出ない人、つまり、時給が上げられない人の特徴が２つあります。

①そもそもやるべきことをやっていない。

②やっていてもやり方が間違っている。

そもそも、何もやらなければ、現状が変わるはずがありません。何もしなければ、何の結果も生まれないのです。これは誰もが納得できることでしょう。

もうひとつ、やっていてもやり方が間違っている。こういう人は、特に厄介です。

特に日本人は、頑張ることに美学を感じる傾向にあります。これは、いいことではあるのですが、一方で間違った努力を重ねると、時間と体力を消耗するだけになってしまいます。

だからこそ僕は、メンターをつくり、その人を徹底的に真似しようとお話ししているのです。

自分の頭で考えない。リサーチ、リサーチ、リサーチ

僕がビジネスに失敗することなく、前進し続けられている理由はただひとつ。「リサーチと分析」に力を入れているからです。単純に言ってしまうと、**何かをやる前には、必ず成功する方法を調べてから始める**のです。

リサーチをする場合は、誤差範囲を最小にするために、300〜400人のサンプルが必要になります。

僕自身、より多くの人に話を聞くように心がけています。

しかし、300〜400人に話を聞くのも大変です。だからこそ、本やインターネットを通じて、成功談、失敗談をより多く収集することです。

実は、ビジネスに関していえば、成功談はもちろん役に立ちますが、失敗談も大変役に立ちます。

失敗談を話すことは、恥ずかしさもあり、なかなか表に出てきません。また、スタートから失敗するまでにコストがかかっているので、なかなか人は教えてくれないものなのです。

すぐれた経営コンサルタントは、経営者から失敗談を引き出し、ストックしておきます。なぜなら、コンサル先の経営者の多くが、同業者の失敗談を聞きたがるからです。

成功者の方法は真似する、失敗した人のやったことはやらない。

これを徹底するのも、ビジネスで成功するためには大切なのです。

だからこそ、リサーチには時間をかけてください。**何かを始めるときには、3日間は調べる時間に使うのです。**

そして、4日目には必ず何かしらの行動をとってください。

リサーチはとても大事ですが、行動をしなければなんの変化も生まれないからです。

調べてとにかく行動する。これが、時給が高い成功者が徹底していることでもあるのです。

POINT 01

憧れの人の思考や行動をすべて真似しよう

POINT 02

徹底的に真似することで、結果が出やすくなる

POINT 03

3日間全力でリサーチをして、4日目から行動しよう

時給思考 22

3日のリサーチで一生が変わる

モデリングする人は3日で決める

同じように、モデリングするメンター（真似をする対象）は、3日で決めてしまいましょう。

では、なぜ、3日なのでしょうか。

それは、あれこれ悩みすぎて、行動できないことが一番問題だからです。

1番良いものを見つけようと固執しすぎると、時間だけが過ぎ去っていくのです。なかなか、この人が1番だ！　と明確にわかる人はいません。

現在のトップアイドルは誰ですか？　これに正確に、間違いなく答えられる人はいないはずです。

ベストよりベター。この考え方ができる人は、時給を10倍にすることができます。

モデリングする人は、乗り物と考えてください。最短で目標地点に運んでくれる乗り物なのです。つまり、メンター探しとは、乗り物探しなのです。

車を買うのなら、3日考えれば十分です。

より早く進むために車を探しているのに、前に進んでいる時間よりも、クルマ探しの時間が長くなっていては、本末転倒です。

10人をリストアップする

メンターの候補は、３日で10人挙げることを目標にしてみてください。

では、どのような10人をリストアップすればいいのでしょうか。

まず、１つ目の条件は、**その人が本当に実績があるか**ということです。

たとえば、会計士試験に合格したいと考えたときに、どのような人に学ぶべきか。

それは、会計士試験に合格している人です。

２つ目の条件は、**その人と関わった周りのお客さんが、しっかり結果を出していて、満足して、評判が良いか**ということです。

会計士試験で言えば、教え方に定評がある、合格者が続出しているなどです。

これらの条件に当てはまる人を、インターネットや書籍などから情報収集し、リストアップしていきましょう。

3人に会いにいく

一通りリストアップをしました。しかし、まだメンターを決めるには条件が足りません。

最後の条件が、**実際に会える人かどうか**ということ。

要は、直接話す、会うということができるかどうかということです。

実際に会えない人、学べない人をメンターにしても何の意味もありません。スクールを開催している、セミナーを行なっている……など会える機会があるのかどうか。

自分の住んでいる場所の近くで教えているのか。自分と時間帯が合うのか。

こういった要素から厳選していき、10人のメンター候補を3人に絞り、実際に会いに行き話を聞きます。

そこで、**一番感触の良かった人、フィーリングが合う人**が、あなたのメンターとなるのです。

こういったことを条件にしてメンターは選んでみてください。

POINT 01
3日以内に、
メンター候補を10人リストアップする

POINT 02
メンターは実績があり、
お客さんからの評判がいい人を選ぶ

POINT 03
10人の候補の中から3人に会いに行き、
1人をメンターとする

時給が高い人の言うことを100%信じる

あえて素直に

時給を上げられない人の特徴として、素直じゃないということが挙げられます。時給を10倍にしていく人は、言われたことをそのまま真似する人です。

僕自身、成功者のやり方は、完全に信じきってやることにしています。面識のない人の話はさすがに信用しませんが、人から紹介された人や、自分がリサーチして実際に会った人の話は、疑わずにとりあえずやってみることにしています。

自分のやり方が正しいと思って突き進む人ほど、現状を変えられないものです。

メンターを信じきる、僕はこれが成功のカギとなると考えています。

100%信じてみて、言われた通りにやってみる。こういう人が、やはり時給を上げていきます。

大人になっても、素直さは必要です。この素直さが、入ってくるお金に変わっているといっても過言ではないのです。

ギャップを見る

メンターを真似する場合は、その人と自分のギャップを見るという視点を持ってください。差を見るのです。

では、どんな差を見るのか。それは、**考え方の差**です。成功者と、そうではない人では、思考のプロセスが大きく違います。

「なぜ、メンターはこう考えるのか？」と常に考える癖をつけてください。

たとえば、僕は筋トレをしていますが、普通に運動したら痩せるし、筋肉がつくわけです。そもそも僕は、痩せればいいなーというくらいの感覚で筋トレを始めました。

しかし、僕のトレーナーは、ボディビルダー選手権で上位になるような人です。トレーナーは、美しい筋肉、大きな筋肉をつくるために、基本的な考え方が僕と違うのです。

絶対に炭水化物は食べない、カレーを食べると脂肪がつくから食べない。こういった基本姿勢を持っているのです。

僕とトレーナーでは、筋トレに対する考え方に大きく差があったのです。

なにごとも結果の要因となるものは、曖昧なものが多い。

だからこそ、自分なりの理屈や根拠がより重要になります。

なぜ、成功したのか。これはその人なりの根拠に頼る以外にないのです。

ただ、筋トレすれば痩せるだろうと考えているのと、筋トレの効率を良くするために、炭水化物を取らない、カレーは食べないと考えている人のほうが、成果が出る要因が明確になります。

時給を上げ、理想のライフスタイルを実現するためにも、ぜひ自分とメンターの考え方のギャップを見つける癖をつけてください。

質問の型を持つ

メンターから教えを乞うときには、質問の型を持っておくと、より深く学ぶことができます。

まずは、自分の現状を話します。

「今、時給が1000円で3時間勤務なのですが、時給1万5000円で2時間働く形態に変えたいのです。今は、◯◯という仕事をしているのですが、△△のような仕事をしたいと思っています」

といった具合に話します。

特に、自分の現状、自分の時給、自分の時間の使い方をしっかりと話して、メンターにアドバイスをもらうといいでしょう。

その後、2W1Hで質問していきます。

「なぜ、そんな成果を上げられるのか?」(WHY)

「何をしているのですか?」(WHAT)

そして最後に、

「どうすればいいのでしょうか?」(HOW)

この型を守って、メンターに質問していくことで、成功は加速していきます。

POINT 01
メンターを素直に真似することが成功への近道

POINT 02
メンターと自分の考え方の差を見つける

POINT 03
メンターへの質問はWHY・WHAT・HOW

時給が高い人は
作業をしない

第6章

あなたは長時間「作業」をして仕事をした気になっていないだろうか。付加価値を生み出さない作業をどれだけやっても、それは自己満足でしかない。時給が高い人は「仕組み」をつくりそれを他人にやってもらう人間だ。付加価値を生み出すシステムを構築し、仕掛ける側こそ、大きなリターンを手にするのだ。

AKB48の秋元康さんが舞台に立ってはいけない

時給が高い人は作業をしない

時給を上げるには、作業する時間をなくす。これは、僕が時給を10倍にする上で、徹底して守ってきたことです。

年収300万円の人は、上から言われたことをやる人です。年収1000万円の人は、やれることを全部やる人です。そして、年収1億円の人は、重要なことだけをやる人です。

お金と時間の自由をつかむ人は、ビジネスの仕組みをつくる人か、投資をする人だということは繰り返しお話ししてきました。

働く時間と収入は反比例するのです。時間を減らせば収入が上がる。

だからこそ、自分がやる作業をなくすために人に任せ、本当に重要な仕事のみに集中するべきです。

僕が今やっている仕事は、お客さんの満足度を高める仕組みづくり、スタッフの教育、スタッフが最高の仕事ができ、夢や目標が実現できる仕組みづくり、プロデュースやマーケティング戦略の立案などです。

ＡＫＢ48グループのプロデューサー・秋元康さんを例にお話しします。秋元康さんは、プロデュースや作詞が仕事のメインです。新しい企画を出したり、ＡＫＢグループが売れるようにする策を考えることがメインの仕事です。

秋元康さんが、「僕もちょっと歌ってみる」と、ＡＫＢ48や乃木坂46のコンサートに参加して歌うようになると、ＡＫＢグループの売り上げは当然落ちてしまいます。**稼ぐ仕組みをつくるか、投資をする人が時給を上げるのです。または、当然、両方をやる人の時給は高いのです。**

時給を大きく上げたいのなら、ビジネスを始めるか投資をするという選択肢以外は基本的にはないと知っておいてください。

なによりマーケティング力を磨く

では、時給を上げるためには、どんな力を持つことが重要なのでしょうか。

あなたには、一生稼げるスキルを身につけてもらいたいと思っています。時代や景気などの外的環境に関係なく、一生稼げるスキルを身につければ怖いものはありません。

その一生稼げるスキルとは、マーケティングスキルです。このスキルをマスターした人は、時給が高く、稼ぎ続けることができます。

なぜなら、**人脈がなくなっても、自分独自の商品がなくても、お客さんを集めるスキルさえあれば、またゼロからでも稼げるからです。**

そして、新規のお客さん、見込み客を集める仕組みをつくるために必要なのが、マーケティングスキルなのです。

オンラインでも、オフラインでも、どうやって人を集めるか、ということがビジネスでは一番大事なのです。

マーケティングするために、任せる

従業員をたくさん雇って稼ごうとする人がいます。しかし、これはあまりいい方法ではありません。

特に、ビジネスを始めたばかりの頃は、従業員はいらないと僕は考えています。従業員を雇うのではなく、パートナーを見つけるべきです。簡単に言ってしまうと、一緒に組んで仕事をしてくれる人を見つけるということです。作業をやってくれる人は、必ずしも従業員でなくてもいいのです。

僕は仕事を任せられる人を見つけて、その分、マーケティングに集中するべきだと思っています。

なんども言いますが、マーケティングさえできれば、一生稼げるのです。新しいお客さんを集められるということは、お客さんを持っているということです。お客さんを持っている人には、色んな声がかかります。お客さんを紹介してほしい、この商品を売ってほしいなど、どんどん話が舞い込んでくるのです。

多くの人が、マーケティングに悩んでいます。だからこそ、その悩みを解決してくれる、マーケティングスキルを持つ人は貴重で、重宝されるのです。

POINT 01

仕組みをつくって働く時間を減らせば、収入が増える

POINT 02

お客さんを集めるスキルであるマーケティングスキルを身につければ、一生稼げる

POINT 03

パートナーに作業を任せて、マーケティングに集中する

時給が高い人は「仕組み」を持っている

仕組みがないと自分の時間以上の価値が生み出せない

僕が時給を10倍以上に上げることができたのは、収入の複線化に成功したところも大きいと思っています。

つまり、**複数のお金が入る仕組みの構築**です。

僕は、起業して2年目から、いくつかの柱となるビジネスの仕組みをつくり上げました。これには、お金を増やすこと以外にもメリットがあります。

それは、1つの事業がうまくいかなくなっても、他からの収入でお金の不安を感じることがなくなるということです。お金の安心が手に入るのです。

当然、本業を仕組み化しながら、同じようなビジネスをいくつかつくり上げれば、より大きな収入が手に入ります。安心と安定が同時に手に入るのです。

僕の会社は、3期目で年商が1億3000万円だったのですが、4期目で7億円と5倍以上に増えました。

しかし、**働いている時間は変わっていないか、むしろ少なくなっています。**これは、ビジネスを仕組み化したからなせる技なのです。

人に任せるときのポイント

僕は今、10個のビジネスを展開しています。

これは、人に任せているからできること。

では、どういう人に仕事を任せていけばいいのでしょうか。

実は、能力ではありません。

やる気を重視して人を選んでいます。

やる気のある人に「**ポジション**」を与えれば、質の高い仕事をしてくれます。

一緒に仕事をする上で、人が入れ替わり立ち替わりすることが多くあります。人が離れる理由はいくつかありますが、ポジションを与えられないということが大きな原因の1つです。

ポジションを与えられないと、仕事にやりがいを感じられないし、報酬も上がらないので仕事をしたくなくなってしまうのです。

だから、人に任せるときのポイント1つ目は、なにかしらの「ポジション」を与えてあげることです。

会社でいうと課長、部長、役員といった役職に相当するポジションを与えてあげると、辞める人は少なくなります。そういった優遇をしてあげることが大切です。やる気があって優秀な人は、ポジションを与えないと、あなたから離れていくということは忘れないでください。

そして、2つ目のポイントが、**「報酬」**をケチらないことです。やはり、収入が少ないと人は離れていきます。

そして、3つ目が、一緒にビジネスをすることで、能力が上がる、楽しい、**「やりがい」**があるなど、目に見えない価値を与えることです。

この3つに意識を向けておくと、人が離れていかないので、ビジネスがうまく回り続けます。

POINT 01

収入が複数あると、お金も増えて安心も手に入る

POINT 02

やる気のある人に仕事を任せ、継続させるようにする

POINT 03

ポジション、報酬、やりがいの3つを意識しておくと、人が離れにくくなる

時給思考 26

トップを目指さない。時間もお金もかかり、コスパが悪すぎる

ナンバーワンになる必要はない

ビジネスを立ち上げても、業界のトップになる必要はありません。

業界のトップになるためには、時間もお金もかかります。トップになることにとらわれてしまうと、時給がどんどん下がっていくのです。

業界の一番になるということよりも、自分達の存在を知ってもらう、気づいてもらう、ということを大切にしてください。いくらナンバーワンになっても、認知度がなかったらお客さんに届けることはできないのです。

それよりも、他にはないサービスなどで差別化を行ない、存在感を出すべきです。

たとえば、僕が75ページでお話ししたとおり、スクール事業で意識をしているのは、スクールの生徒さんが最短で結果を出せるように、常に新しいノウハウの仕入れ・開発を行ない、指導者の育成や専門家の招聘などサポート体制の充実を図ることです。常に最新のコンテンツと最高のサポート環境を提供できるように日々アップデートしているのです。そうすることで、業界の中で存在感を出すことができ、お客さんに認知してもらえるようになるのです。

ターゲティングのワナ

ビジネスを立ち上げる上で大事なことは、誰に提供するのかということを間違わないことです。つまり、ターゲティングです。

ビジネスには、大きく3つの種類があります。

お金持ち、富裕層のお客さんがターゲットのビジネス。一般の人をターゲットにしたビジネス。お金がない人をターゲットにしたビジネス。この3つです。

では、あなたはどのターゲットに絞ってビジネスをするべきなのでしょうか。

実は、僕は、ビジネスを始める前には、お金持ち向けのビジネスが一番稼げるのではないかと思っていました。

なぜなら、お金をたくさん持っているから、高いものを買ってくれると考えたのです。

高いものが売れたら、その分売り上げは大きくなるはずです。

しかし、これは間違いでした。

稼ぐためには、全員がお客さんになるビジネスをするべきです。

とはいえ、1つのビジネスで、これらの客層を満遍なく拾うのは難しいものです。

そこで、複数の事業を展開して、すべての客層を取り込むようにするのです。

ところが、最初のうちは複数のビジネスを始める体力はないでしょう。

では、まずはどの層に向けてビジネスをするべきなのでしょうか。

それは、お金持ち以外の人向けのビジネスです。

なぜなら、単純に統計から考えてお金持ちが少ないからです。だから、一般の会社員に向けたビジネスを立ちあげることが最も良い選択になります。

これから始める人は、周りにお金持ちの知り合いがいない、もしくは少ない可能性が高い。その人がいきなりお金持ちに何かを販売するというのは、かなりハードルが高いのです。お金持ちはいろんな経験をしています。色々と営業もかけられているしあなたより上手です。その人にいきなり何かを販売するというのは難しいのです。

だから、最初は一番統計的に数字が多い平均年収のお客さんが、悩んでいること、身につけたいこと、悩みを解決できるようなものを提案するビジネスをおすすめします。

POINT 01

トップを目指すことより、認知度を上げることが大切

POINT 02

すべてのターゲット層をカバーするような事業の組み合わせが強い

POINT 03

最初のうちは、人数が多い平均年収の人をターゲットとする

集客を自動化する仕組み

動かなくてもお客さんが集まってくる

ビジネスを加速させて、時給を上げたいのなら、集客を自動化する仕組みをつくるべきです。

僕は、この仕組みをつくったことで、時給を10倍にしました。

これこそ、最小の時間で最大の効果を上げる秘訣でもあります。

では、どうすれば良いのでしょうか。

僕は長年、この集客の自動化を磨き、今ではほぼ完成形に仕上げました。

インターネットを最大限に駆使し、自動的にお客さんが集まる仕組みをつくったことで、今ではモノやサービスが売れないということがなくなったのです。

とてもシンプルな方法なので、ぜひ参考にしてみてください。

たとえば、ユーチューブに動画をアップしたり、電子書籍を無料で配布して、**僕が動かなくてもお客さんが勝手に僕のところに来てくれるようにしています。**

このユーチューブ動画、電子書籍の他にも、ホームページ、ブログ、本、フェイスブック、インスタグラム、ポッドキャスト、インターネット広告、代理店の方からの紹介などのさまざまな入口をつくり、僕のことを知ってもらえるようにしています。

たとえば、ネット上の広告は今では、1日50万円以上を使っていますが、スクールの申し込みなどで広告にかけた金額以上の収入が入ってきます

しかも、これは僕がやる作業もゼロなので、確実に時給が上がっているのです。

いきなり50万円を広告に使うのは難しいかと思いますが、**広告費はケチらないべきです。自分のできる範囲で最高の額を注ぎ込んでも良いでしょう。僕の場合は粗利の半分は広告費に使っています。**

さらに、無料で配布している電子書籍、無料メルマガ、動画で僕のことをより深く知りたい人を集め、LINE@を通じて継続的に情報提供しています。

LINE@は使い勝手が良く、みな見てくれる可能性が高いので重宝しています。

メルマガは開かないけど、LINEは見ているという人は驚くほど多いものです。

セミナーなどは、LINEで情報を見て参加してくれる人が多いのです。

このように、なるべく自分が動かなくても、お客さんに知ってもらえる仕組みをつくることが、時給を上げる上では大事です。

POINT 01
集客を自動化することで、時給が加速度的に上がる

POINT 02
集客ツールは、ホームページ、ブログ、電子書籍、本、ユーチューブ動画、フェイスブック、インスタグラム、ポッドキャスト、インターネット広告、代理店からの紹介など

POINT 03
広告には最大限の資金を注ぎ込む

１日24時間を２４００時間に増やす方法

第7章

あの人はなぜあんなにも大量の仕事を同時にこなせるのか、不思議に思ったことはないだろうか。常人じゃない仕事量をこなしている人には、カラクリがある。1人でやるより10人、10人でやるより100人でやるほうがレバレッジが効くことを熟知しているのだ。すべて自分でやろうとするのは、愚の骨頂なのだ。

人に任せて時給をさらに上げる方法

自分の〝分身〟を増やす

時給を高めるためには、どんどん人に仕事を任せていくことがカギとなります。僕は、人に任せることで、時間を生み出し、時給を10倍にしました。

時給を飛躍的に上げる方法があります。それは、自分の〝分身〟を増やすということです。〝分身〟とは一緒に仕事をしていくパートナーのことです（〝分身〟というと感じが悪いですが、わかりやすく説明するためにあえて使っています）。

自分と同じレベル、または自分よりレベルが高い仕事ができる人に、どんどん仕事を任せていくと、売り上げは飛躍的に伸びていきます。したがって、自分の時給も高まっていくのです。

僕は現在、複数のビジネスを立ち上げていますが、そこには各々約10名ほどのビジネスパートナーがいます。このビジネスパートナーにほとんどが、僕の塾の生徒だった人たちです。生徒の中で、結果をいち早く出した人たちと一緒に仕事をしているのです。

だからこそ、僕のノウハウを多くの人に伝えることができますし、ビジネスパートナーも生徒だった頃の経験から、どうすれば最短で成果を出せるのか、何を教えればいいのか、どんな悩みを解決してあげればいいのかという勘所がわかっています。

僕の〝分身〟がビジネスを動かしてくれているからこそ、僕自身の時給も高まっているのです。

一人だと24時間だけど

自分一人で働くスタイルでは、収入はいつかは頭打ちになってしまいます。人にはそれぞれ、24時間という時間しか与えられていません。その中で、稼ぎ出せる金額には限界があるのです。

しかし、自分の〝分身〟の力を借りることで、収入はどんどん上がっていきます。

自分一人では精一杯働いても24時間しか働けませんが、10人の〝分身〟がいれば、24時間×10人＝２４０時間の働きができます。複数のビジネスを持ち、総勢１００人の〝分身〟が動けば、24時間×１００人＝２４００時間の働きができるのです。

あなたが時給を10倍に高めたいのなら、自分の〝分身〟をつくり、力を借りることは絶対条件となります。

自分の時給以下のことは人に任せる

時給5万円（年収1億円）を超える人は、スケジュールに余裕を持たせられる人です。できる人ほど予定がびっしり入っているように思われていますが、本当にできる人は時間に余裕を持てる人です。

その理由は、**時間に余裕がなければチャンスをつかむことができないからです。チャンスが巡ってきたときに、すばやく判断をし、行動するためには、自由に動ける時間が必要なことは言うまでもありません。**

そこで、大事なことは、自分の時給以下のことは、絶対にやらないと決めることです。優先すべきことは、本当に大事な予定だけにしてください。それ以外のことは、誰かに任せてしまうのです。特に、高いクオリティを必要とされることほど、その道のプロに任せてしまうことで、大きな成果をつかむことができます。

POINT 01

自分と同等以上の仕事ができる〝分身〟に仕事を任せると、時給が飛躍的に上がる

POINT 02

〝分身〟の人数分だけ時間が増えていく

POINT 03

スケジュールに空きをつくることで、チャンスに備える

時給思考 29

超スピードで動く最強チームのつくり方

丸投げせず、チームをつくる

自分の〝分身〟（パートナー）をつくり動いてもらう。これは、時給を上げるために必要なことです。しかし、すべてを丸投げすればいいというわけではありません。パートナーに対してサポートをすることを忘れてはいけないのです。

チームをつくり上げ、僕とパートナー、パートナーとパートナーで助け合う仕組み、チェックし合う仕組みをつくるべきです。

チームにすると、情報も進捗も、困っていることもすべて共有できます。良い仲間ができると、ビジネスはうまく回ります。意見交換ができ、切磋琢磨する気持ちが生まれ、仕事のクオリティが大きく変わるのです。

僕は事業ごとに、ＬＩＮＥのグループをつくっています。たとえば、書籍のチーム、ホームページ担当のチームなど、さまざまなチームのグループがあります。

こういったグループがあることで、いつでも連絡が取れる環境を整備しています。メールは時間がかかるので、おすすめはＬＩＮＥです。

すぐ連絡が取れて、すぐ返事が帰ってくる仕組みを持つことで、仕事の完成度も、終わらせるスピードも大きく変わります。

テンプレは具体的につくり込む

パートナーの動きを、よりスムーズにする方法があります。

それは、**具体的に動きやすいように、テンプレートを渡すことです。こうすることで、パートナーは迷いなく、よりあなたと近い思考、行動をしてくれるようになります。**

たとえば、「お客さんに、売り上げが上がる方法を教えておいてください」とだけ伝えていては、パートナーは何をどうすればいいのかがわかりません。

何をやればいいのかを、具体的に落としこんだテンプレートを渡しておけば安心です。「作業手順」「日程」「進行表」……。

簡単に言ってしまえば、ToDoの具体的リストを示して上げるのです。そうすると、それをこなし終わった頃にはある程度の結果が出ます。もちろん、人によって差異は出ますが、もし成果が出せなかったら、フォローしてあげればいいのです。

POINT 01

〝分身〟(パートナー)へのサポートが仕事のクオリティとスピードを上げる

POINT 02

LINEのグループをつくり、すぐ連絡が取れる環境をつくる

POINT 03

ToDoの具体的リストをつくれば、再現性高く結果を出すことができる

時給思考 30

コミュニティづくりの極意

ネーミングが大事

時給を飛躍的に高めたいのなら、コミュニティを立ち上げることを僕はおすすめします。

ただし、コミュニティを立ち上げるときに大切なことがあります。

それは、コミュニティの名前にこだわることです。

たとえば、僕の不動産投資のコミュニティの名前は「レバリッチ」です。この言葉を見たときにお客さんは、お金持ちになる自分を想像してくれることでしょう。つまり、お客さんの心に響くのです。

お客さんにしたい人が、どんなことに、何に興味があるのかをリサーチして、コミュニティ名は決めていきましょう。

たとえば、女性向けの投資コミュニティなら、どんな言葉を使えばいいのか。

ヒマリッチ、愛されながらお金持ちになる、自分を好きになる、など響きそうな言葉は考えればたくさん出てきます。

ただ、自分の想像だけで言葉を選んでしまうと失敗してしまうこともあります。

だからこそ、僕は響くワードのリサーチを大切にします。

Yahoo!知恵袋や売れている本、人気講師のセミナー、人気ブログ、Googleアドワーズなどさまざまなところからリサーチします。

コンセプトも言葉ありき

コミュニティのコンセプトをつくるときも、言葉にこだわる必要があります。いかにわかりやすいか、人が想像しやすいかという視点で、コンセプトを磨いていきます。

抽象的ではなく、想像できるワードを駆使して、コンセプトをつくることをおすすめします。

たとえば、女性は愛されることで幸せになれる、愛されていてもお金持ちになれなければ幸せになれない、愛されても時間がなければ幸せになれない――などいくつかの方向性からコンセプトを決めていきます。

伝えたいコンセプトが決まれば、頭の中で考えたことを文字にして、意図的に文章や会話、資料で繰り返し使うようにしていきます。そうすることで、コミュニティに魅力を感じてくれる人が増えるのです。

肩書きにこだわる

最後に、実績や肩書きがないけれど、コミュニティを立ち上げたいという人に効果的な方法をお伝えします。

あなたは、誰かしらメンターを決め、その人から学び、ビジネスを立ち上げるでしょう。

ただし、ビジネスを始めたばかりの頃は、まだあなた自身の名前で勝負することができません。

そこで、王道ではありますが、肩書きをつけるときにメンターの力（名前）を借りるのです。**〇〇から直接学んだ、〇〇のプログラムを終了した——など、メンターの力（名前）を借りることで、あなたへの信頼感を高めることが可能です。**

POINT 01
コミュニティづくりは名称にこだわる

POINT 02
コンセプトによって、コミュニティの魅力がアップする

POINT 03
メンターの名前を借りることで、信頼感が増す

時給を10倍に上げる「自己投資」の秘訣

第8章

あなただけにこっそり、最も利回りがオイシイ投資商品を教えよう。それは、「自分自身」。拍子抜けしたかもしれないが、これは僕が今まで数多くの成功者に会ってきて確信した事実だ。お金やモノという資産は盗まれるが、自分の頭脳だけは盗まれない。自分に投資した人だけにしか味わえない快感があるのだ。

貧乏な人がお金持ちになる唯一の方法

自己投資しないと時給は上がらない

時給を10倍にする過程を経験してきて言えることがあります。それは、貧乏な人がお金持ちになる唯一の方法は「自己投資」だということです。

自分の成長、目標を達成するためにお金を使うことがなにより、成功につながるのです。自己投資は、お金を使うことだけではありません。時間に投資する、自分の努力に投資するなど、さまざまです。

自分を変えたいのなら、お金か時間か努力のどれか、または、そのすべてに投資することです。

この世で唯一コントロールできるもの、それは自分自身です。市場をコントロールすることはできませんし、他人をコントロールすることはできません。しかし、自分は自分でコントロールすることが可能なのです。

そう考えれば、自分に投資することが一番確実にリターンを得る秘訣となります。

時給5万円（年収1億円）の人は、目の前にチャンスがあれば、すべてを総動員して、自分の持っているものを注ぎ込みます。

僕の周りの時給を10倍に上げた人も、例外なく自己投資をしていました。

自分に投資をするのが一番利回りがいい

僕は、今までコミュニケーションの講座に参加するなど、お金も時間も自己投資に使ってきました。

そんな中で、一番役に立った自己投資は、パブリックスピーキングのスキルを向上させたことです。

パブリックスピーキングを学ぶために、50万円という高額な講座に参加したこともあります。内容は、人前で即興で話せて、営業力が高まるというものでした。

今、僕がセミナーで堂々と話せるようになったのは、その講座を受けたからです。

その講座では、1日1時間話す練習をしなさいとアドバイスもらいました。それを3カ月もすれば、年収1億円レベルのスキルが身につくと言われたのです。

1日1時間を3カ月続けると、約90時間になります。90時間で年収1億円になれるなら、それはハイリターンな投資です。

実際に、僕は人前で話せるようになって、セミナーで収入を得ることができるようになったので、その通りになりました。

僕は、**情報は有料、しかも高額な情報ほど価値がある**と感じています。

無料の情報にも役立つものはありますが、やはり、金額が高ければ高いほど、実践的で、質の良い情報が手に入るのです。情報を発信する人も、無料のものより、有料のもののほうに、力を注ぐことは自明です。

また、単純にお金を払って情報を収集する人は少ないものです。

100人のうち、お金を払って情報を買う人が何人いるでしょうか。こう考えると単純に、ライバルに差をつけることができます。

たとえば、**100人中あなた1人しか、ある情報を買わなかったとしたら、あなたは99人の人に勝てるのです。**

自己投資を、ケチってはいけません。勝負に勝ち、時給を上げるためには、自己投資が一番なのです。

パフォーマンス=スキル×コンディション

自己投資は、何も、スキルを学ぶことばかりではありません。健康においても自己投資をするべきです。

「パフォーマンス=スキル×コンディション」だと僕は考えています。パフォーマンスは、成果を生み出すもの。だからこそ、スキルの向上とコンディションを整えることは大事です。

コンディションは、心、脳、体、この3つで形成されます。心はモチベーションやマインド。脳は集中力、アウトプット。体は、食事×睡眠×運動。

僕がビジネスを始めた当時、やる気は当然高いですし、集中力も高まっていました。ですから、休息の時間なしで、仕事をどんどん進めていたのです。しかし、その分、体は疲れていました。特に、睡眠は時間、質ともにおろそかにしていました。

どんなに心と脳のコンディションが良くても、体が疲れていれば、パフォーマンスは上がりません。そこで、僕は睡眠にこだわることにしました。すると、驚くほどパ

フォーマンスが上がっていったのです。

睡眠時間は、人それぞれ最適な時間があると思いますが、寝具にこだわることは重要です。人生の3分の1の時間を過ごすことになるからです。

最低限、マットレスにはこだわることです。僕のおすすめは**キングスダウン**というブランドのマットレスです。ただし、これは百万円以上するものもあり高額ですので、時給を上げてから購入すればいいでしょう。

無印良品のマットレスは、リーズナブルな上に高品質だと言われています。まずは自分で色々と調べて、マットレスを変えてみてはいかがでしょうか。

POINT 01

時給を10倍にしたいなら、お金か時間か努力に投資すること

POINT 02

有料の情報は時給を上げるためにハイリターンな自己投資

POINT 03

パフォーマンスを上げるには、睡眠・休息にこだわる

時給思考 32

1日30分は自己投資の時間を確保する

環境を買う

自己投資をすることの最大のメリットは、環境を変えることができるということです。

僕は、**環境が人をつくる**と考えています。年収300万円の人が、年収300万円の環境に居続けて、年収1億円になれるとは思えないのです。年収300万円の世界には、年収300万円を稼ぐシステムしかありません。

僕が通っていた高校は、偏差値の低い、世間一般で言われるいわゆる底辺校でした。そこにいる人々は、みな人は良いのですが、タバコを吸ったり、お酒を飲んだりとちょっと荒れていました。

しかし、僕は、慶應や早稲田に合格し、新しいステージに進むことが目標でした。そこで、僕は〝NEW WORLD〟を目指し、代々木ゼミナールの早慶コースに入ったのです。現状、〝NOW WORLD〟を捨てたのです。

そこでは、みな真面目に勉強をしています。目指す目標のために努力を重ねていたのです。そういう環境に身を置いていると、僕自身勉強を真面目にすることが当たり前となりました。

結果として、僕は底辺高校から難関の立命館大学に合格することができました。人生は、環境によってこれほど変わってしまうのです。

ビジネスでも一緒です。**時給5万円を稼ぎ出したいのなら、それが当然手に入る環境に身を置くことが重要**なのです。

周りがみんな時給5万円だから、自分も当然5万円を手にできると思える環境に、現状から移動してみることです。

人は、できると思ったことしかできません。まずは、妄想することが成功への第一歩でもあるのです。

スキマ時間には即イヤホン。オーディオブックで勉強

自己投資、勉強をするときには、オーディオブックがおすすめです。

僕は1人のときには、よくイヤホンをつけています。こうすることで、移動中にも

自己投資をすることが可能になります。

ジェームス・スキナーさんの「成功の9ステップ」に関する音声教材もよく聞いていました。起業しようと考えていたときには、起業に関する音声を聞いていました。今でも、**移動中には、ポッドキャストやユーチューブでビジネス系の動画を見る**ことはよくあります。

自己投資のためには、時間がある程度必要になります。しかし、まとまった時間を自己投資に使える人は多くはないでしょう。

そう考えると、些細な時間でも大切にしなければなりません。移動中や、待ち時間をどう過ごすかが成功のカギとなります。

そのときに、音で学ぶということは、有効な手なのです。

まずは「1日30分」でかまいませんので、スキマ時間をかき集めて、自己投資の時間を確保することをおすすめします。

POINT 01
環境を変えることで自分も変わる

POINT 02
自分の目標達成が当然の環境に身を置くことで、成功が近づく

POINT 03
音声はスキマ時間で学べる有効な教材

1カ月100冊。本を超高速で大量に多読する裏ワザ

１冊15分めくりながら見る

本から学ぶことは、自己投資初心者にはおすすめの方法です。

何と言っても、価格が安く、論理立てて著者の思考や習慣を学べることが最大のメリットです。

僕は今でも1カ月に50~１００冊の本を買って読んでいます。

本は熟読することがいいことは間違いありません。

しかし、１冊の本を1文字1文字噛み締めて読むと、多くの時間がかかってしまいます。

仕事をしながら、熟読して勉強するとなれば、睡眠時間を削ることになりかねません。

そこで、時間がない人には、速読をおすすめしています。

僕は、**本は目次を見るだけでもだいたい内容がわかる**と考えています。目次に並ぶ見出しは、各項目の内容を凝縮したものだからです。だから、目次を見るだけで、だいたいこんなことが書かれているんだなということは予想できるのです。

そして、本は読むのではなく、めくるという感覚を持ってください。

多くのビジネス書が、本文の中で重要なことを、太字にしてあります。目次を見た後は、**本をパラパラめくりながら、太字を読んでいく**のです。すると、より本の内容をつかむことができます。

こうした読み方をすることで、1冊15分程度で読んでしまうことができます。忙しい人が本から学ぶには、速読が一番です。

本の内容を知識に変えようと思えば熟読も必要ですが、情報収集のための読書では、速読で十分です。

また、**本を読むときは1つのテーマを決めて、それに関連する本を大量に読む（見る）ことです。**そうすることで、短期間で1つのテーマについて専門家並みの知識を得ることができます。

たとえば、「仮想通貨」に関する本を片っぱしから買い、ひたすら読む（見る）のです。30～50冊程度でかまいません。15分×50冊でも750分＝12・5時間。1日缶詰になって読めば、そこらへんの専門家にも負けないくらいの知識を手に入れることができます。

POINT 01
本は自己投資初心者にとって
費用対効果が高い教材

POINT 02
情報収集のために本を読むなら速読でいい

POINT 03
目次を読んでパラパラめくれば
本の内容を大まかにつかむことができる

時給を10倍に上げるスキル

英語も資格もコスパが悪い

人生のステージを上げるために、英語を勉強する人がいます。しかし、僕はこの考え方に疑問を持っています。

語学を学ぶことは悪いことではありません。ただ、**社会人として時給を上げたいのなら、英語の能力はあまり必要ない**と思うのです。

有名企業、一流企業では、社員に英語を学ばせるところもありますが、その企業の経営者が語学習得に熱心かといえばそうでもありません。通訳を雇えば、いいだけだからです。

また、日本では日本国内でビジネスを完結させても十分稼ぐことができ、グローバルにビジネスを展開する必要がありません。そう考えると、英語の習得に時間をかけるのは費用対効果が良くないのです。

また、資格も同じだと僕は考えています。

取得には時間がかかりますし、今では資格があってもあまり武器にはなりません。

だからこそ、ビジネスで実用的なスキルを自己投資によって身につけることが重要なのです。

このスキルで貯金残高が0になっても一生稼げる

繰り返し、パブリックスピーキング、コピーライティング、マーケティングのスキルを高める重要性をお話ししてきました。

まずは、コピーライティングについてお話しします。**コピーライティングのスキルがあれば、どんな状況になっても稼ぐことができます。たとえ、貯金が0円になっても怖くないのです。**

コピーライティング力とは、文章を書く力です。

僕は、メルマガを発行して5年目ですが、メルマガを書くときにはコピーライティング力が必要です。

コピーライティング力を磨くことで、僕は多くの恩恵を受けてきました。読ませる文章、信頼してもらう文章は身につけておいて損はありません。

僕の場合は、コピーライティング力を磨くための非常に高い講座を受けたのですが、その参加費用は簡単に回収することができました。

「稼ぐ話術」を磨きなさい

パブリックスピーキング、すなわち、話すスキルも時給を上げるには必要です。プレゼン資料の質は誰がつくってもあまり変わりませんが、話して納得してもらうという、プレゼンの質は人によってレベルが大きく違います。

だからこそ、資格試験や英語習得に時間をかけるくらいなら、パブリックスピーキングのスキルを高めることに時間をかけてほしいと思います。

パブリックスピーキングを学べる講座に参加したり、書籍を読むなど、さまざまな方法で身につけるべきです。

勉強するとなるとハードルが高いと思う人は、バラエティ番組を見てみてください。芸人さんたちは、話のプロです。学ぶところが多いのです。

芸人さんは、緊張と緩和、間、話の組み立てなど、さまざまな手法を駆使して笑いを取っていきます。

人気がある芸人さんには、それだけの理由があるのです。

まずは、バラエティ番組を見ながら、楽しみながら話し方の勉強をしてみるのも初心者には有効な手なのです。

マーケティングスキルは実践で磨く

また、マーケティングスキルも時給を上げる上では欠かせないものです。マーケティングスキルとは、新しいお客さんを集めたり、集めたお客さんの満足度を高めて、リピーターになってもらったりする能力のことです。

このスキルは、日々進化し変わっていくものですから、実践で身につけるのが一番です。6章を参考にしながら、実際に、集客の仕組みをつくる過程で、CAPDサイクルを回しながら、磨いていきましょう。

本としては、最初の1冊として『ダン・ケネディから学ぶ「稼ぐ社長」の作り方』(寺本隆裕著/集英社)がおすすめです。

POINT 01
語学を身につけるより通訳を雇うほうが、費用対効果が高い

POINT 02
読ませる文章、信頼してもらう文章を書くコピーライティング力でいつでも稼げる

POINT 03
パブリックスピーキングも時給を上げるためには欠かせない

時給を下げることを徹底的に排除する

第9章

世の中には、あなたの時給を下げるトラップがたくさん仕掛けられている。ムダな会議、やたらと長いメール、惰性で続いている書類作成……あなたの時間やエネルギーを奪うものはそこら中にある。そんなものに付き合っていたら、あなたの時間と精神は確実に蝕まれる。断固として排除することを推奨する。

やらないことを決める

時給を上げる必須のルール

多くの人が、やることだけを明確にして、やらないことを明確にするということができていません。

これは、僕に言わせれば、行動の優先順位、重要度の判断ができていないということです。

1日は24時間しかありません。その中で、やれることは本当に少ないのです。僕は目標達成につながらないことをやっている時間を限りなく0に近づけていくべきだと思っています。

そして、やらないことで生まれる時間を使って、重要なことをやるべきです。

「やらないことを決める」→「やることを決める」

これが、時給が高い人が守っているルールです。

逆に、時給が低い人は、「やることを決める」→「やらないことを決める」という思考回路で動きます。

時給が高い人の常識は、時給が低い人の非常識なのです。

断捨離できない人は稼げない

僕はこの本を通して、時間が何より大事だということをお話ししてきました。時間さえあれば、夢は叶えられるし、理想のライフスタイルを実現することも可能です。逆にいえば、時間がなければ夢は叶えられませんし、理想のライフスタイルも遠のくでしょう。

だからこそ、自分の時間の使い方をしっかりと認識し、〝断捨離《だんしゃり》〟することです。とにかく無駄をなくしていくことが大事です。

「断る」「捨てる」「離れる」人しか成功はつかめないのです。非情に感じられるかもしれませんが、現実としてそうなのです。

なんでもかんでも依頼されたことを受けたり、誘いを受けていたら、当然自分の時間がなくなります。

断捨離ができない人は、優しい人です。優しいことはいいことではあります。

しかし、成功するまでは、いい人をやめて、自分の欲求にしたがって生きることも大事なのです。「人にいいことばかりしてきた、でも自分の時間はなかった」では、死ぬときに絶対に後悔します。

時給が低いうちは、自由時間はムダ

プライベートを大事にすることも、人生では必要――。誰もがこう考えていることでしょう。しかし、人生のうちに、脇目も振らず働く期間がなければ、目標は達成できません。あなたには、望む時給の金額があるはずです。

それなら、時給を上げるまでは、自由時間を大切にするなどと言っている場合ではありません。**自由な時間は、時給さえ高くなれば、必ず手に入ります。**

だからこそ、目標の時給に達するまでは、自由時間など捨ててしまってください。

僕自身、望む時給に到達するまでは、プライベートを楽しむことは捨てていました。どんな成功者も、一定期間、仕事に没頭し、脇目も振らずに働く期間があったのです。

POINT 01
やることを決める前に、やらないことを決める

POINT 02
いい人をやめて、断る勇気を持つ

POINT 03
理想の時給になるまで仕事に没頭する

時給思考 36

自分がやるべき仕事を減らす

忙しすぎると時給は上がらない

時給が低い人は予定をつくらない、そこそこの時給の人は予定をつくる、時給が高い人は予定に空きをつくる。

これは、僕が常日頃感じていることです。

なぜ、予定をつくらない人は、時給が低いのか。それは、誘惑に負けてしまうからです。予定がないから、快楽のために時間を使ってしまい、何も得られないのです。

しかし、予定がびっしり入っている人も、そこそこの時給で終わってしまいます。

これは、自分で全部やってしまうからです。そこには、1時間あたりいくらという思考がありません。時給の高いことも、低いこともすべてやってしまうのです。

時給が高い人は、予定に空きがあります。なぜなら、やらないことを明確にしているから、時間を生み出すことができるのです。

時給が高い人ほど、予定をうめすぎないということを知っておいてください。

嫌な仕事は入口でシャットアウト

時給が高い人は、優先順位をつけて自分のやるべきことに順番をつけてやっています。

優先順位が明確になると、ある程度仕事を断る必要が出てきます。

僕は会社員時代から、上司の仕事を断っていました。これは、なかなかできないと思う人もいるかもしれませんが、慣れればどうってことありませんし、そういうキャラだと認定されれば、無駄な仕事自体が振られなくなります。

全部仕事を請け負ってしまうと、相手もあなたに余裕があると思って、どんどん仕事を振ってきます。こなす量が多すぎれば、優先順位が高い仕事をミスしてしまうリスクもあります。

仕事を断ることに躊躇する必要はありません。あなたは、あなたの自己実現のために生きているのです。他人のために生きる必要はないのです。

思い切って断る。一度やってみてください。その後の人生が大きく変わります。

5大リスクをやめる

無駄な時間というのは人によって多種多様です。ただ、共通している部分もあります。誰にでも当てはまる無駄な時間は5つあります。

テレビ・スマホ・異性・飲食・遊び。これらに使う時間には、無駄が多い。あなたの時間を奪うだけなので、理想の時給になるまでは断つことをおすすめします。

この時間をなくせば多くの時間を確保できるようになります。その時間を目標達成のために使うのです。

成功者は、この5つの時間をほぼ0にしている時期が一定期間必ずあります。時給を10倍にしてきた僕も例外ではありません。

POINT 01

時給が高い人は、予定を埋めすぎない

POINT 02

無駄な仕事を断れば、優先順位が高い仕事だけに集中できる

POINT 03

成功者は、「5大無駄な時間」のテレビ・スマホ・異性・飲食・遊びをほぼ0にした時期がある

時給思考 37

時間とエネルギーを削ってくるものとは縁を切る

決断を減らす

多くの人が決断疲れをしています。今の時代、あらゆる場面で選択肢が多くありすぎるからです。

決断には、エネルギーが必要です。損したら嫌だな、失敗したら嫌だな。こういったことは誰もが考えることでしょう。そうして、決断に時間をかけすぎて、重要なことができなくなるのです。

2ちゃんねるの創始者ひろゆきさんや、スティーブ・ジョブズが、決断のためのマイルールを持っていることは有名です。

「こういうときは、こうする」

即座に判断するために、あなたも自分なりの決断の型を持つべきです。

細々とした決断によってエネルギーを消耗していては、いざ大事な仕事をするときにエネルギー不足になってしまいます。

決断は省エネが基本です。自分なりの決断のルールを持ち、無駄なエネルギーを浪費しないことが大切なのです。

即断即決を繰り返すことで、時給も必ず上がります。

財布は持たない

ここからは、時給を上げるために僕が守っているルールをお伝えします。

僕は、財布を持っていません。現金を持ち歩かないから必要がないのです。すべての支払いは、クレジットカードです。

クレジットカードを使えば、どんなものもすぐ手に入り、ポイントもつき、支払いを先延ばしにできるので、いいことづくしです。

光熱費から、日々の買い物まで、あらゆる支払いを航空会社のクレジットカードで済ませています。

僕の周りの高時給で経済意識が高い人は、みな現金払いではなく、クレジット払いです。

このカードを持とう

クレジット機能付きのスイカは持っていて損はありません。

僕が持っているスイカは、オートチャージができます。設定すれば残高が５０００円以下になったら、自動的に５０００円を補充してくれるシステムになっています。わざわざ駅でチャージする必要もありません。

年会費２０００円程度です。もし、電車に乗るのにスイカやパスモを使っている人は、試しに使ってみてください。

ＡＮＡなど航空会社のカードは、マイルの面でもメリットが大きいです。マイルとの相殺で、年会費もかからないことが多いのです。


エクスプレスカードもおすすめです。

新幹線によく乗る人には、特におすすめです。単純に、新幹線代が安くなります。年会費１０００円ほどで、チケットが１割ほど安くなるので持っていて損はありません。僕は、このカードを持ってから、券売機やみどりの窓口でチケットを買おうとは思わなくなりました。

サイトを駆使する

ここからは、時短に有効なサイトをご紹介します。

まずは、**食べログ**です。食べログに関しては、インターネットとスマホで使い方が違います。

インターネット上では、「銀座」「焼肉」と絞って検索したらランキング順に表示されます。

しかし、スマホの場合はプレミアム会員にならないとその表示がされません。僕は、**食べログのプレミアム会員**になることで時短をしています。

焼肉が食べたいとなったら、予算の範囲内で、300メートル、500メートル、800メートル、1キロ、3キロ、5キロ、10キロの中から一番美味しいお店を検索することができます。食べログのプレミアム会員になっておくと、短時間で美味しいものを検索して、そこにいけるのです。

ご飯に詳しいだけで、良い人脈ができたり、人に好感を持ってもらえるので活用してみてください。

サイトとしては、やはりAmazonもおすすめです。

僕は、日用品などの買い物はAmazonでしています。コンビニ・スーパーには、全く行きません。薬もAmazonで買います。

数千円の年会費でAmazonのプライム会員になれば、すぐに荷物が届きます。

また、**僕の周りの成功者は、荷物は受け取らない人が多いものです。宅配ボックスがあるマンションに住むことも考えてみてください。**

荷物を受け取ると、その時間は無駄ですし、◯時に宅配が来るから家にいなければならないなど、自分で時間をコントロールできなくなってしまいます。

宅配ボックスに荷物が入っていれば、自分の好きなときに荷物を取ればいいのです。

一円もお金を産まない時間を減らす

とにかく時給を上げるために、僕は掃除にも、洗濯にもお風呂にも時間をかけたくありません。

なぜなら、この時間は一円もお金を生まないからです。

家事に関しては、僕は家事代行サービスを依頼しており、全く時間をかけないようにしました。

また、お風呂の時間も、シャワーで5分ほどで済ませます。コンディショナーをつけたまま、体を洗います。体も、部分部分で洗うのではなく、たっぷりの泡で全身をさっと洗い、頭から一気に洗い流すのです。

もちろん、理想の時給になったら、お風呂が好きな人は好きなだけ入ってもＯＫです（笑）。

ただ、理想の時給になるまでは、一円も生まない時間は減らすに越したことはありません。その時間を短縮して、時給を上げる方法を考えてみてください。

POINT 01
省エネのために、マイルールをつくって決断の回数を減らす

POINT 02
時間を節約するツールは使いたおす

POINT 03
お金を生まない時間、調べる時間を短縮して時給を上げる

時間を奪う
「時間泥棒」
とは距離を置く

第10章

あなたの周りに時間を奪う「時間泥棒」はいないだろうか？

どうでもいいことや些細なことで他人の時間を奪う人物は至るところにいるものだ。彼らに目をつけられると、骨の髄まで時間もエネルギーも吸い取られる。

時間を奪われることは命を奪われることと同等だ。時間泥棒とは一刻も早く縁を切ることだ。

時給思考 38

「誰と付き合うか」より「誰と付き合わないか」

時間泥棒から逃れる

時給が高い人は、時間を大切にする人です。時間は命なのです。

無駄な時間をついつい過ごしてしまう自分はもちろん、あなたの時間を奪う他人も、あなたの命を奪う人だと言えます。

先にも述べましたが、時間を奪う人＝殺人者です。

あなたが時給を高めたいのなら、人との付き合い方にもしっかりと意識を向けるべきです。

必要のない人間関係に悩まされていては、時給思考はできませんし、時給は上がりません。

冷酷に聞こえるかもしれませんが、僕自身、ある程度の時給になるまでは、必要のない人間関係を絶ちました。

誰と付き合うかということも大事ですが、それよりもっと大事なことが、誰との関係を絶つか、誰とつながらないようにするか、ということなのです。

飲み会には遅刻しろ

社会人になると、お酒の席に参加することが多くなります。たしかに、成功者との会食の席などは、目標達成のための情報を得られるのでメリットがあります。

しかし、多くの場合、お酒の席とは、そういうものではありません。愚痴を言い合ったり、息抜きだったりします。

こういった目的でお酒を飲むことは、僕は時間を浪費することになると思います。

ただし、全く付き合いをしないのも、社会人としてはなかなか難しいことです。

そこで、僕は**二次会に行かない、遅刻して参加する。**これを、お酒の席に参加するときには、徹底して守っていました。

二次会に参加すると、長時間拘束され何もできなくなりますし、深酒になることが多いので、次の日の時間まで無駄にしてしまうことになります。

そして、飲み会は、１杯目のお酒が用意されるのを待って、乾杯があって、という流れがあるので、メインの美味しい料理が出てくるのはだいたい30分後になります。

そう考えると、30、40分遅刻して飲み会に参加したほうが無駄がないのです。その30、40分を目標達成のための時間にあてるのです。

人間関係を大事にしすぎて、なんでもかんでも付き合っていたら、必ず後悔します。二次会には参加しない。飲み会には遅刻する。これを時給が上がるまでは徹底してください。

群れから離れると、群れから寄ってくる

成功者は孤独を愛する人です。多くの人は、「誰かとつながっていなければ不安」だと感じますが、成功者、成功する人は、孤独な時間がなければ不安になるのです。

時給が低いのなら、今、心地のいい環境、心地のいい人間関係に価値があるとは僕は思えません。もし価値を感じてしまうのなら、それは現状維持を受け入れているということにほかならないのです。

今の仲間との関係を切ってしまうと、孤独になってしまうのではないか、と不安を感じる必要はありません。

あなたが成長を望み、上を目指して突き進んでいれば、必ず新しい仲間ができ、新しいコミュニティがあなたを受け入れてくれます。

もし**孤独を感じたら、成長している証。**こういう思考の転換をしてみてください。

電話には出ない

電話には出ない。これを徹底している成功者は多いものです。

電話がかかってきて、さぞや緊急だったり、重要な話なんだろうな、と思って出ると、ただのスケジュール確認だったということはよくあります。

電話でできることは、ほぼSNSやメールで事足りるのです。**電話をかけて来る人は、あなたの時間を盗む人**です。

相手にその意識がなくても、あなたの時間は確実に奪われてしまいます。

僕は、基本的には電話には出なくて問題ないと思っています。自分がコントロールできない時間は極力減らすべきです。

POINT 01

関係を絶つことを決めて時間を大切にすると、新たな仲間ができる

POINT 02

無駄な飲み会には遅刻して参加し、二次会は参加しない

POINT 03

電話でのやりとりをやめて、SNSやメールで済ませる

人間関係を入れ替える

周りにいる人で時給は決まる

僕は周りにどんな人がいるかによって、時給が大幅に変わると思っています。人の年収は、仲のいい4人の平均収入に落ち着くとよく言われています。時給も全く同じだと僕は考えているのです。

付き合っていて心地がいい人というのは、自分と思考や行動が似通っているといえます。

もし、**あなたの時給が1000円なら、時給1000円の人々と集まり、コミュニケーションをしているということです。**

時給1000円の思考、行動習慣がない環境に身を置いても、時給を上げることはできないでしょう。向上するための情報も入って来るはずがありませんし、収入を上げるスキルが身につくこともありません。

だからこそ、少しでも背伸びした環境に身を置くことが大切なのです。時給を上げるチャンスは、環境を変えたときに訪れるということを肝に命じてください。

足を引っ張る人とは離れる

あなたが、上を目指せば目指すほど、あなたの足を引っ張る人が出てきます。人は現状維持をしたがる生き物なので、しかたがないことでもあります。

今あなたがいるコミュニティ、環境からあなたが飛び出せば、その集団の輪が乱れることになります。それを嫌がる人は、あなたの成功とポジティブさを嫌います。

あなたが成功してしまうと、その集団から自分も成功したいと抜け出そうとする人が増えてしまい、集団の今までのバランスが壊れてしまうからです。

時給思考を身につけると、今の仲間とは話が合わなくなるでしょう。それは、一時的に孤独になることを意味します。

しかし、前述の通り、孤独を感じたときは成長している証拠です。時給思考で突き進めば、時給思考を持った仲間が必ずできますし、時給思考の人間が集まったコミュニティがあなたを受け入れてくれます。あなたの足を引っ張るような不寛容な人間と付き合う必要はありません。思い切って関係を断ち切っていいのです。

POINT 01
レベルが高い環境に身を置くと、時給を上げるためのスキルが身につく

POINT 02
今のコミュニティを飛び出して、時給思考を持っているコミュニティに入る

POINT 03
孤独を感じたときは成長の証

時給が高い人の最強最速仕事術

第11章

仕事は1秒でも速く終わらせるにかぎる。そのためには常にやり方をアップデートすることだ。“こだわり”を振りかざす化石のような人物からは、チャンスの女神も逃げていく。徒歩よりクルマ。クルマより新幹線。新幹線よりリニアモーターカーと最新の乗り物を乗りこなす人が、最も早く目的地にたどり着く。

To Doリストをつくるのはバカ

Googleカレンダーにすぐ予定する

仕事の効率化は、時給を上げるためには必須です。

僕自身、仕事のスピードと効率化には力を入れ、時短を心がけています（効率化については、拙著『すごい効率化』（KADOKAWA）に詳しいので、ぜひ読んでみてください）。この章では、成果を出すための仕事術についてお話ししていきます。

多くの人が、予定をToDoリストや手帳に書き込んでいるでしょう。しかしこれでは、なかなか仕事はうまく進みません。なぜなら、やることは明確になるのですが、各々の仕事の優先順位がわかりづらいからです。

何度も言っていますが、時給を上げるためには、重要な仕事しかしないことが大切です。

その点、Googleカレンダーは、仕事の優先順位づけができ、効率的にスケジュールを管理できます。

僕はタスクをすべて、GoogleカレンダーのToDoリストに入れています。

Ｇｏｏｇｌｅカレンダーなら、仕事の納期、期限も入れられるからです。パソコンとスマホで同期することもできますし、リマインダー機能までついていて、重宝しています。

仕事の優先順位づけも、色分けして示すことができるから便利です。

たとえば、緊急度が高いものから順に、赤、青、黄色などと設定しておけば、優先順位は一目瞭然です。また、星などをつける機能もあり、使い勝手がいいので、あなたの使いやすいように活用してみましょう。

この仕事はいつまでに終えるのかということを考えながら、重要度のランクづけをする習慣を持つ人は、成果を上げていきます。

やらないことリストをつくる

僕は、手書きのＴｏ Ｄｏリストをつくることはあまり意味がないと思っています。Ｔｏ Ｄｏリストをつくると、やることはわかりますが、優先順位が曖昧になるからです。

だからこそ、僕はＧｏｏｇｌｅカレンダーを活用しているのです。

ただその前に、優先順位のつけ方を知っておかなければいけません。

優先順位は、緊急度が高いものなどは、優先度が高いと誰もがわかります。また、目標達成につながる仕事は重要なのでわかりやすいでしょう。

多くの人が間違うのは、しなくてもいいことを重要度の高い仕事だと錯覚してしまうことです。

だからこそ、やらないことをしっかりと明確にするべきです。これはやらないという仕事を明確にしておくことです。現在進行中の仕事でも、これはやらなくていい、これは捨てられるというものが必ずあります。

やらないことが明確になれば、やることがシンプルになり、成果も上がっていくのです。

タスクは出しすぎない。1日3個が限度

手書きのＴｏ Ｄｏリストを作成しても、仕事がうまく進まない人は多くいます。

この原因は、なんでもかんでもやろうとして、手が回らなくなり、すべての仕事が中途半端になるからです。

僕は、1日でやることは、最大でも3個に厳選するべきだと思っています。重要なことが、4つも5つもあるはずがないのです。もし、やるべきことがたくさんあって忙しいという人がいれば、その人は仕事を厳選できていない証拠です。

スピード感を持ちながら、質良く仕上げられる仕事は、1日で3つほどです。人には1日24時間という制限がありますし、3つ以上の仕事を仕上げようと思えば、心身ともに消耗してうまくいきません。

今日は、これと、これと、これをすればいい。3つほどに限定するから、仕事への意欲もわくのです。

「ああ今日もさばき切れないほどの仕事があるな」こう思うほどの仕事量を抱えていれば、朝からやる気が削がれるので、仕事がうまくいくはずがありません。

やることは3つに限定し、その仕事を精一杯頑張るという習慣を持ってください。

時間をテンプレ化する

時間をテンプレ化することも大事です。

僕は、マッサージは毎週◯曜日に通う、掃除は毎週月曜に来てもらう、水土は筋トレをする、といったことで、テンプレ化して時間を管理しています。

ルーティン的なことをまずは予定に入れてから、他のやるべきことを入れていくべきです。

これは、重要な仕事をもれなくスケジュールに組み込むための秘訣です。

時間効率を高めるということをして、スケジューリングをしっかりできなければ、時給は上がりません。

少しプライベートに偏ったお話をしましたが、たとえば、人と会う予定を入れてから、空いた時間で他の仕事を進めるなど、テンプレ化を行なっておかなければ、重要な仕事をする時間は確保できないのです。

POINT 01

Googleカレンダーで優先順位づけや
リマインダー機能を有効活用する

POINT 02

タスクは1日3個までに絞り、
やらないことを明確にする

POINT 03

重要なことは、
ルーティンの予定に組み込む

時給思考 41

パソコンが遅いと仕事も遅くなる。常に最新最速にアップデートを

パソコン環境は常に整える

今は、ペーパーレスの時代です。紙の書類、手帳を使っていては、仕事は効率化しないと僕は考えています。

だからこそ、仕事場のパソコンをうまく使うべきです。

まずは、**資料などの紙の書類。これらはすべて、PDFなどのデータにしましょう。**

なぜ、データにするのかといえば、必要なときに瞬時に取り出すことができるからです。紙の資料だとなくしてしまい、見つけるのに時間がかかるということはよくあります。

また、データにしておかないと、同期ができません。同期ができないということは、共有できないということです。社内外の人との情報共有の場合に、データがないというのは現代のビジネスパーソンには致命的です。

また、紙のメモ帳や手帳も持たないようにすることです。パソコンの中のそれらと同じ機能を使って、保存しておけばいいからです。

紙のメモ帳や手帳は、忘れてしまえば、何の価値もありません。その点パソコンに保存しておけば、設定によってスマホでも見ることも、入力することもできます。結果的に、外出の際の荷物も減りますし、なにより、スマホかノートパソコンがあれば、どこでも仕事ができてしまいます。

そういった**データは、クラウド上に保存**しておき、いつでもどこで使えるようにしておいたほうが、時給が上がるのは間違いありません。

パソコンは半年に一度買い替える

パソコンは消耗品です。動作が遅くなったと感じたら、すぐに買い換えましょう。

僕の場合は、半年に一度買い換えるようにしています。パソコンは、経年劣化を起こし、動作が遅くなります。**パソコンの動作が遅いせいで、1日1時間作業が遅れると、あなたの時給分は確実に損していくのです。**

使えるからいいや、という気持ちで動作の遅いパソコンを使い続けるのは、時給思考に反しています。

半年経ったら捨てて、新しいパソコンを買う。パソコンは消耗品だと思って、どんどん買い換えていってください。

ブラインドタッチ、ショートカットキー、単語登録

とにかく、時短をするためには、パソコンの使い方も鍛えてみてください。

僕は、ブラインドタッチとショートカットキー、単語登録を駆使することで、大きく時間の無駄を省くことができると考えています。

ブラインドタッチは今や常識なので、多くの人ができていると思いますが、指一本でパソコンを入力しているなどいう人は論外なので、ブラインドタッチのトレーニングをしてみてください。

また実は、指の使い方などにもコツがあります。このボタンは、この指でタッチしたほうがいいなどの技もあります。

また、**ショートカットキー**を使うことは時短に最適です。

代表的なショートカットキーだけでもいいので、インターネットや本を読んで使い

こなせるようにしてください。

また、ショートカットキーと同じくらい大切なのが、**単語登録**です。

100個ほどの単語を登録しておくと、時短できるのでおすすめです。

単語登録をしておけば、「よろ」と打ち込むだけで「よろしくお願いいたします」、など数文字打つだけで頻繁に使う文章を打ち込むことができます。

ちょっとした時間の違いかもしれませんが、塵も積もれば山となるので、やって損はないはずです。

POINT 01

資料をデータにしてクラウド上に保存すれば、荷物も減り、どこでも仕事ができる

POINT 02

常に最新のパソコンを使い、スピードを上げる

POINT 03

パソコン操作の時短法を極め、1秒も無駄にしない

時給思考 42

時給が高くなる コンディションの整え方

コンディションにこだわる

僕が睡眠にこだわっていることは先にご紹介しましたが、そのほかにも食事や運動などにも気をつけています。体のコンディションは、パフォーマンスに直接影響を与えるからです。

仕事を頑張る人ほど、体を犠牲にしながら働いていますが、結果的にはパフォーマンスを落としてしまうので注意が必要です。

食事や運動の良い習慣を身につけるべきです。

食事や運動の習慣を持ち、体のコンディションをいつも気にしている人は、基本的な体力が高いので、たまに睡眠時間が短かったとしても乗り越えることができます。

ハードワークはあまり良いことではありませんが、勝負所が来たときにはどうしてもやらなければならないこともあります。

それを乗り越えるためには、やはり体のコンディションを整えて、基礎体力を高めておくしかないのです。

お酒と水

お酒は、飲まないにこしたことはありません。体調を崩す大きな原因のひとつは、飲酒です。

ビールは太る原因になりますので、もちろん飲むべきではありませんが、それよりも発泡酒や第3のビールはとにかく飲まないようにしてください。僕自身、トレーナーにそう指導され、教えを守っています。

とはいえ、社会人ならお酒を飲まなくてはいけない状況があります。その場合には、**レモンサワー、ハイボール、緑茶ハイ**なら飲んでも良いとトレーナーに指導されました。

二日酔いにならない方法も知っておくべきです。

どうしてもお酒を飲まなければならないときは、お酒の量と同量の水を飲むとよいでしょう。そうすることで、二日酔いになりにくくなると言われています。

成功者は二日酔い対策だけではなく、普段から水をよく飲んでいます。

人の体の60〜80％は水でできていると言われています。体内の水分量が15〜20％失われると、生命を維持できなくなります。
体質によって違うようですが、1日1～2ℓは水を飲むといいでしょう。

食事にこだわる

脳をよく働かせるために必要な栄養素は糖です。糖質ダイエットが流行っていますが、極端に糖質を減らすと頭が働かなくなります。

肥満に気をつけるときに見るべき数値は、カロリーよりも、GI（グリセミック・インデックス）値です。GI値は、食べた後に血糖値が上がるスピードを示すものになります。

ピザ、パン、パスタはGI値が高く、太りやすい糖質になりますので、なるべく食べないようにしましょう。

太らずに、なおかつ頭も働き、体にもいい食事があります。僕のトレーナーから強くすすめられた食事が、**そばと大戸屋の「もろみチキンの炭火焼き定食」**です。

「もろみチキンの炭火焼き定食」には頼み方にコツがあります。**ご飯は少なめにして**

五穀米にする。チキンは皮なしで注文してください。

食事に迷った場合は、このどちらかを選択してみてください。

僕は、ラーメンが好きだったのですが、トレーナーに絶対に食べるなと指導されました。

とはいえ、大好物をやめるのは大変でした。ラーメンをうどんに変え、うどんをそばに変えるという努力を重ねました。今では全くラーメンは食べたくならないので、味覚は習慣で変わるものなのです。

筋トレをすると時給が上がる

男性ホルモンである**テストステロン**量を増やすことで、体のコンディションは整いやすくなると言われています。

テストステロン値が程よく高いと、冒険心が増し、競争に勝つ力が上がるのだそうです。また、活動的になり、集中力が増すとも言われています。

さらには、**テストステロン値が高い人を、人は無意識にリーダーとみなす**ということも言われています。

テストステロン値を上げる手っ取り早い方法が、**筋トレ**と**ジョギング**です。

僕は水曜と土曜にトレーニングをしています。

1時間筋トレして、30分有酸素運動をするのです。

これで引き締まった体と、積極性が手に入るので、あなたも筋トレ、ジョギングを行なってみてください。

これまで紹介した方法は、もちろん体質や健康状態によって向き、不向きがあると思いますので、医師やトレーナーに相談してから行なうことをおすすめします。

POINT 01
食事・運動の良い習慣を身につけて、勝負所を乗り越える

POINT 02
脳のコンディションを保つために食べるものにこだわろう

POINT 03
筋トレとジョギングでテストステロン値を高めて、体のコンディションを整える

時間を奪われない
生き方

第12章

人生は油断していると、あっという間に終わる。他人の都合に合わせたり、世間の常識に縛られたりしていると、時間を奪われる人生真っしぐらだ。お金や会社やどうでもいい人間関係に振り回されていると、時間は搾取される一方だ。あなたの時間を奪われないためにも、自分で決めて生きる人生を送ろう。

僕が年収600万円、一生安泰のキャリアを捨てた理由

お金より、自由な時間がある人生を

僕がどうしてここまで時給思考にこだわるのか――。

そのお話をこの最終章ではお話ししたいと思います。

僕は会社員時代、年収は600万円を超えていました。貯金も300万円ほど持っていたと思います。年収600万円の人口は、全体の5％ほどだと言われており、恵まれていたと思います。お金にも、満足はしていませんでしたが、それほど困ってはいませんでした。

しかし、会社員で安定収入を得ていると、自分の力で生き抜いているのではなく、会社のおかげで生きている感覚があり、どこかでむなしさを感じていました。つまり、仕事に満足感をいだけなかったのです。

そして、何より、僕は自由が欲しかった。

時給を上げる方法をご紹介してきましたが、僕が本当に欲しかったのは、お金よりも自由な人生だったのです。

自分の時間を精一杯生きたいという願望がありました。

会社員では、早朝から夜遅くまで働かなければならないので、自由な時間などほんの少ししかありません。たとえ、1億円のお金があっても、自分のために使う時間がなければ、お金など持っていても意味がないのです。

自由は次の順番で手にすることができます。


経済的自由→仕事の自由→時間の自由。


だからこそ、最終目的である、時間の自由を手にするために、僕は時給思考を身につけたとも言えるのです。

理想のライフスタイルを実現するためには、時給思考を持つことが初めの第一歩。

ですから、あなたも時間と、自分の生み出す価値について、よく考えてみてください。

精神的に満足できるライフスタイルを実現してこそ、あなたはあなたの人生を生きる意味があるのです。

POINT 01

高収入の会社員は自由に使える時間が少ない

POINT 02

自由は次の順番で手にすることができる。経済的自由→仕事の自由→時間の自由

POINT 03

時給思考を身につけることで、理想のライフスタイルが手に入る

人生で大切なのは時間

自由を得るために大切な3つのこと

自由を得るために大切なことは、次の3つです。

①人の目を気にしない
②自分のやりたいことを明確にする
③嫌われる勇気を持つ

これらを心がけて生きることで、あなたの人生は大きく変化します。

あなたの人生は、あなたのものです。他人のものではありません。

だからこそ、自分を愛して、大切にしてあげてください。そのために、自由を獲得する必要があるのです。


誰のためでもなく、自分のために、まずは生きる。成功すれば、必ず他人のためにもなるので、そのときまでは自分のことだけ考えていてもいいのではないかと僕は思っています。

他人の目を気にして、なんでもイエスと答えてはいけません。イエスと答えることは、精神的には楽です。しかし、自由を手にしたいのなら、断ることの大切さを知っておいてください。

理想のライフスタイルを実現するためには、他人のために生きるのではなく、ある意味自分勝手に突き進むことが大事なのです。

そして、やりたいことだけをする。

そのためにも、やりたくないことを自分の中で明確にするべきです。

好き嫌いをはっきりと明確にし、嫌なことをリストアップしてみましょう。嫌なことをどんどん挙げていくと、ほんの少しのやりたいことが浮かび上がってきます。

最後に残ったやりたいことをやることで、あなたの人生は本当に価値のあるものとなります。

時給思考を身につけたあなたは、ステージを駆け上がるごとに、欲しいものを手にしていくことでしょう。

しかし、あなたが成功と自由を獲得するごとに、あなたを妬む人が増えることも事実です。

しかし、嫌われるからといって、目標をあきらめるなどというバカげたことは考えないでください。意識的にも無意識的にも、他人の影響を受けて、自分の力をセーブしてしまう人は多くいます。

他人があなたの人生に責任を持ってくれるでしょうか。

言いたいことだけ言って、責任を取ってくれないのが他人です。

だからこそ、嫌われてもいいから、目標を達成すると決意してください。

好かれることより、嫌われても気にしないことが大切です。

自由を手にすることでしか、あなたは自分に満足感を得られません。だからこそ、まずは時給思考を身につけることから始めましょう。

POINT 01

断ることの大切さを知り、人の目を気にしない

POINT 02

嫌なことをリストアップして、自分のやりたいことを明確にする

POINT 03

嫌われることを恐れない

おわりに

本書を最後まで読んでいただき、ありがとうございます。

本書を書いた本当の理由は、あなたに自由を手にしてほしいからです。自由にもいろいろな種類がありますが、僕があなたに手にしてほしいのは、「精神的な自由」です。

精神的な自由を獲得するには、自分の時間を生きることが条件となります。

自分の時間を過ごすとは、好きなときに、好きなところで、好きなことをするということです。つまり、理想のライフスタイルを実現するとも言えます。

多くの人が、自分の時間を確保することができていません。

毎日忙しく働きながらも、理想の自分の姿を実現することもなく、心と体を消耗しています

僕は、その理由が、時給思考がないからなのではないかと思っています。

時給思考で動くことで、まず「経済的な自由」が手に入り、次に「仕事の自由」が手に入り、そして「時間の自由」が手に入り、結果として「精神的な自由」が手に入

るのです。

本書の中でも繰り返しお話ししてきましたが、時間は何よりも大切にするべきものです。時間は、能力、才能、家柄に関係なく、誰にでも同じように24時間、与えられています。平等で同じに与えられている資産は、時間だけなのです。

本書でお話しした方法を実践し、やらないことを明確にして、時間を生み出し、自己実現につながる重要なことだけをする。そうすると、人生は大きく変わります。

僕自身、はじめは会社員として、連日残業し、自由を手放して生きていました。

それが、時給思考で動き始めて、今では、理想のライフスタイルを確立することができています。

あなたも、今日から時給思考で動き始めれば、最低でも僕と同等、もしくは僕以上のライフスタイルを実現できるはずです。なにもかもが普通レベルだった僕の人生に大きな変化を起こしてくれたのは、本書でご紹介した、時給思考だったのです。

あなたの人生が、少しでも理想に近づくことを心より願っています。

2017年11月吉日　金川 顕教

本書をお読みくださったあなたへ

無料プレゼントのお知らせ!

「時給思考」の実践法を金川顕教が解説した動画5時間分を無料プレゼント!

- ▶時給を上げるための講義
- ▶時給が上がるスポット
- ▶やりたいことリストをつくる。やりたくないことリストをつくる
- ▶時給が高い仕事、年収が高い仕事とは? 長者番付限定公開
- ▶時給思考に変わる7つのステップ
- ▶あなたの時給を上げる10の習慣…etc

プレゼントの受け取り方法は? ▶ 金川顕教のLINE友達になって「時給思考」の文字を送信するだけ!

①特典ダウンロード用のQRコードはこちら!

もしくは、スマホでLINEアプリを開き、
[友達追加]→[ID検索] で、
以下のように入力してください。
@RGT0375Y(@をお忘れなく)

②「友達追加」していただき、「時給思考」とメッセージを送ってください。

※特典の配布は予告なく終了することがございます。予めご了承ください。
※動画はインターネット上のみでの配信になります。予めご了承ください。
※このプレゼント企画は、金川顕教が実施するものです。無料プレゼントに関するお問い合わせは、金川顕教Official Web Site(http://akinori-kanagawa.jp/)までお願いいたします。

〈著者紹介〉

金川 顕教（かながわ・あきのり）

起業コンサルタント・事業家・作家。

1986年、三重県生まれ。東京都港区在住。立命館大学産業社会学部卒業。

偏差値35から大学進学を志し2浪の末、立命館大学に入学。大学合格発表直後から受験勉強を資格試験に切り替え、在学中に難関の公認会計士試験に合格する。

その後、世界一の規模を誇る会計事務所デロイト・トウシュ・トーマツグループである有限責任監査法人トーマツに就職。 新入社員で年収600万円が保証される生活に「これで一生安泰の人生が送れる」と思ったのも束の間、自分自身の時間が削られていく不自由さに耐えきれず、毎日の激務をこなしながら起業のための勉強を開始する。

勉強期間中の副業で給料の10倍を稼ぎ出し、軌道に乗ってきた2013年に独立。以来、事務所なし従業員なしの会社は年々売り上げを伸ばし、2017年時点で、5期目にして年商10億円を見込む。

現在は、サラリーマン時代には想像できなかった「経済的」「時間的」「人間関係的」に自由な日々を送る。

著書には、『人生はワンダフル!』『チェンジ～人生のピンチは考え方を変えればチャンスになる!』『年収300万円はお金を減らす人 年収1000万円はお金を増やす人 年収1億円はお金と時間が増える人』『財布はいますぐ捨てなさい』（いずれもサンライズパブリッシング）、『すごい効率化』（KADOKAWA）、『20代の生き方で人生は9割決まる!』（かんき出版）、『これで金持ちになれなければ、一生貧乏でいるしかない。』（ポプラ社）、『毎日チェンジ手帳』（扶桑社）などがある。

◎理想が叶う金川顕教LINE通信（3万3000人が登録中）
@RGT0375Y（ID検索またはQRコード読み込み）

◎金川顕教公式無料メールマガジン（4万人が購読中）
http://akinori-kanagawa.com/lp/

◎金川顕教オフィシャルサイト
http://akinori-kanagawa.jp/

◎ Facebook　https://www.facebook.com/akky.0226
または検索欄から「金川顕教」と検索してください。

1時間で10倍の成果を生み出す最強最速スキル 時給思考

2017年11月25日　第1刷発行
2020年12月10日　第3刷発行

著　者―――金川 顕教

発行者―――徳留 慶太郎

発行所―――株式会社すばる舎

〒170-0013 東京都豊島区東池袋3-9-7 東池袋織本ビル
TEL　03-3981-8651（代表）　03-3981-0767（営業部）
振替　00140-7-116563
http://www.subarusya.jp/

Subarusya

印　刷―――中央精版印刷株式会社

落丁・乱丁本はお取り替えいたします

ISBN978-4-7991-0640-2